L.C. Ángeles

Espada de Luz
Invocando la Protección del Arcángel Miguel

Copyright © 2023 Por Luiz Santos
Todos los derechos reservados.
Ninguna parte de este libro puede ser reproducida de ninguna forma ni por ningún medio sin el permiso por escrito del titular de los derechos de autor.
Imagen de portada © LS Studio
Revisión por Armando Vellaz
Diseño gráfico por Amadeu Brumm
Maquetación por Matheus Costa
Todos los derechos reservados para:
Luiz A. Santos
HOLISMO

Contenido

Prólogo 5
Capítulo 1 Conociendo al Arcángel Miguel 8
Capítulo 2 Conectándose con la Energía de Miguel 13
Capítulo 3 Purificación y Preparación Espiritual 18
Capítulo 4 Invocando la Presencia de Miguel 23
Capítulo 5 Explorando los Símbolos Sagrados 28
Capítulo 6 Eliminando Influencias Negativas 33
Capítulo 7 Activando el Escudo Protector 38
Capítulo 8 Alcanzando el Equilibrio con la Balanza 43
Capítulo 9 Trabajando con la Llama Azul 48
Capítulo 10 Integrando los Atributos de Miguel 52
Capítulo 11 Iniciación Angélica con Miguel 57
Capítulo 12 Meditación con la Presencia Divina 62
Capítulo 13 Recibiendo Orientación Divina 67
Capítulo 14 Construyendo su Autodefensa 72
Capítulo 15 Curación Emocional con Miguel 77
Capítulo 16 Restauración de la Salud Física 82
Capítulo 17 Purificando Entornos 86
Capítulo 18 Protección Espiritual Diaria 89
Capítulo 19 Superando Miedos con Miguel 93
Capítulo 20 Liberándose de Hábitos Nocivos 97
Capítulo 21 Manifestando Objetivos con Éxito 101
Capítulo 22 Cultivando la Paz Interior 105
Capítulo 23 Conexión con la Jerarquía Angélica 109

Capítulo 24 Ritual de Consagración a Miguel 113
Capítulo 25 Mejorando su Comunicación Angélica 117
Capítulo 26 Alineándose con el Propósito Divino 122
Capítulo 27 Viajes Astrales Protegidos 126
Capítulo 28 Facilitando Curaciones en Grupo 130
Capítulo 29 Miguel como Mensajero Celestial 134
Capítulo 30 Descubriendo su Misión Espiritual 138
Capítulo 31 Ascensión Espiritual con Miguel 142
Capítulo 32 Celebrando Festividades Sagradas 146
Capítulo 33 Enseñanzas Esotéricas de Miguel 150
Capítulo 34 Preservando el Legado Espiritual 155
Capítulo 35 Milagros e Intervenciones Divinas 159
Capítulo 36 Armonizándose con los Ciclos 163
Capítulo 37 Manifestando la Abundancia 167
Capítulo 38 Encontrando Apoyo en las Transiciones 171
Capítulo 39 Percepción Multidimensional 175
Capítulo 40 Colaborando con Ángeles Elementales 179
Capítulo 41 Miguel, Protector de los Guerreros 183
Capítulo 42 Involucrando a la Familia 187
Capítulo 43 Aplicando en la Vida Cotidiana 191
Capítulo 44 Rituales Especiales de Curación 195
Capítulo 45 Trabajando con la Llama Violeta 199
Epílogo 203

Prólogo

Al abrir estas páginas, ingresas en un universo donde lo ordinario se disuelve y lo extraordinario asume su lugar. Este libro no es solo un conjunto de palabras y relatos; es un portal hacia una dimensión que trasciende la lógica y el entendimiento mundano. A lo largo de los siglos, la figura del Arcángel Miguel ha emergido como un símbolo de fuerza y protección, un ser cuya luz brilla incansablemente en medio de las sombras más densas. Su papel va más allá de una simple presencia angelical; es la esencia viva de un poder que descansa en silencio, esperando ser despertado dentro de cada uno de nosotros.

El Arcángel Miguel no es una entidad distante, envuelta en misterios inaccesibles. Está cerca, tan cerca que su presencia puede sentirse cuando el corazón se abre y la mente se aquieta. Es a través de su energía que las almas inquietas encuentran consuelo, y los corazones cansados hallan paz. Esta obra ha sido escrita para ti, como una llave que revela secretos guardados en lo profundo del espíritu, listos para ser desvelados por quienes tienen la valentía de mirar más allá de lo visible.

A medida que avanzas, sentirás la poderosa presencia de este protector celestial, envuelto en la luz azul que es su marca. Miguel no solo combate el mal; nos inspira a enfrentar nuestros propios miedos, ilumina los rincones oscuros de nuestra alma y nos concede la valentía para abandonar las ilusiones que nos atan. En cada página, descubrirás maneras de invocar su protección, métodos que permiten que su energía envuelva y renueve tu vida. No hay misterio tan oculto que no pueda ser revelado, ni sufrimiento tan profundo que su luz no pueda sanar.

El Arcángel Miguel, en su esencia, es un símbolo de libertad, pureza y fuerza que reposa en el núcleo del ser. Es el puente entre lo divino y lo humano, el guía que nos enseña a encontrar equilibrio aun en medio del caos. En este libro, serás guiado no solo a contemplar su figura, sino a experimentar una conexión directa y transformadora con su energía. Aquí, Miguel se presenta como el espejo de la verdad, aquel que despierta el potencial divino dormido en cada corazón que busca, en cada alma que clama por paz.

Al sumergirte en estas páginas, se te invita a despojarte de prejuicios y a abrirte a la vastedad de lo desconocido. Siente la libertad de explorar sin miedo, de experimentar sin reservas. La conexión con Miguel es, ante todo, un camino de autodescubrimiento, una travesía en la que encontrarás no solo respuestas, sino también nuevas preguntas que harán vibrar tu alma de expectativa. Este libro no es un fin en sí mismo, sino una invitación a una jornada de elevación, donde el camino se ilumina con la presencia de Miguel y la verdad se revela con cada paso.

Al comenzar tu lectura, sabe que tienes ante ti un llamado a la transformación, una oportunidad única de reescribir tu propia historia bajo el amparo de un guardián celestial. Miguel te acompaña, no como una entidad distante, sino como un amigo que extiende su mano para guiarte, para fortalecerte y para recordarte el poder que habita dentro de ti. Permite que esta energía se expanda, que fluya por cada parte de tu ser, iluminando, protegiendo y trayendo a la superficie una fuerza que quizás no sabías que poseías.

Este libro te revelará prácticas y enseñanzas para que no solo contemples, sino que vivas la esencia de Miguel en cada aspecto de tu vida. Aquí, cada palabra ha sido colocada para que tú, lector, te sientas envuelto en esa luz, que dejes atrás las sombras de la duda y encuentres seguridad en medio de lo desconocido. Es un llamado, una oportunidad de transformación profunda que el Arcángel Miguel ofrece a quienes tienen la valentía de buscar la verdad y el amor incondicional.

Emprende esta lectura con el corazón abierto y la mente en paz. Estás a punto de conocer una dimensión donde el amor divino se manifiesta en toda su fuerza y donde la verdad emerge de cada línea como una espiral de luz. Sigue adelante y permite que Miguel guíe tu camino. Cada página es una nueva posibilidad, un paso más cerca de una comprensión profunda, de una paz duradera y de una conexión que transformará tu visión del mundo y de ti mismo.

Capítulo 1
Conociendo al Arcángel Miguel

El Arcángel Miguel se alza como una de las figuras más reverenciadas y misteriosas del ámbito espiritual, envuelto en un aura de poder y compasión que fascina a quienes lo buscan desde tiempos ancestrales. Su figura aparece una y otra vez, uniendo relatos e imágenes de diferentes culturas, como el protector inquebrantable que desafía a las fuerzas oscuras y que extiende su escudo sobre quienes claman por su protección. Pero, ¿quién es realmente Miguel? Más allá de la imagen heroica que ha perdurado a través de los siglos, se encuentra una esencia tan antigua como el cosmos mismo, cuya presencia ha sido la luz guía en los caminos espirituales de aquellos que buscan la verdad y la paz.

Miguel no es solo un guerrero; es una manifestación de la justicia divina, una vibración poderosa que nos recuerda el propósito de cada alma y la armonía entre el bien y la verdad. Su nombre en sí, cuyo significado se traduce como "¿Quién como Dios?", es una afirmación tanto de humildad como de poder. La simple pregunta encierra un concepto tan profundo como el amor incondicional, pues nos recuerda que en la vastedad de la creación, solo el Creador es absoluto, y todos somos parte de su divina expresión. En esta pregunta que forma su nombre, Miguel se revela como un espejo de nuestra propia fe, como el ángel que desafía la soberbia, el ego y el mal que habitan en el mundo, llevándonos a una reflexión interna y una alineación con la voluntad divina.

Para comprender plenamente al Arcángel Miguel, es necesario viajar a través de las tradiciones que lo invocan y a los relatos que lo han inmortalizado. Desde las antiguas escrituras hebreas, en las que Miguel es descrito como el gran protector de Israel, hasta las visiones del Apocalipsis cristiano, donde lidera las huestes celestiales contra las fuerzas de la oscuridad, este ser celestial ha sido constante en su papel de defensor y líder. En la tradición islámica, Miguel, o Mīkā'īl, se presenta como el ángel de la misericordia, distribuyendo las bendiciones de la naturaleza, la lluvia y el sustento. Sin embargo, en todas estas culturas, su esencia permanece: Miguel es el puente entre lo divino y lo humano, el guardián de la justicia y el pilar que sostiene la lucha eterna contra el mal.

Desde una perspectiva espiritual más esotérica, Miguel no solo existe como un ser celestial, sino también como una fuerza que se manifiesta dentro del corazón humano. Aquellos que buscan la verdad y la luz encuentran en Miguel un aliado eterno. Para los místicos, Miguel representa la llama interior que arde en cada ser, el impulso de actuar con rectitud y la valentía de enfrentar las sombras propias. No es solo una figura externa a la cual se acude en momentos de necesidad; es una presencia viva que habita en el centro del alma, esperando ser despertada por quienes están dispuestos a recorrer el sendero del autoconocimiento y la purificación espiritual.

Uno de los aspectos más intrigantes de Miguel es su papel como líder de los ejércitos celestiales, una imagen que evoca un tipo de fuerza espiritual que va más allá de la protección convencional. Miguel no solo interviene para proteger a los inocentes; él es el juez, el protector y el guerrero en uno. Su espada es símbolo de claridad, capaz de cortar a través de las ilusiones y las ataduras terrenales que nos alejan de nuestra verdad esencial. En la tradición cristiana, la imagen de Miguel enfrentándose al dragón en la batalla apocalíptica es un poderoso símbolo de su misión eterna: defender la pureza de la creación, preservando el orden sagrado frente a la destrucción y la corrupción.

La espada de Miguel es también un recordatorio del poder de la voluntad. No es una herramienta de agresión, sino un símbolo de discernimiento, y en este discernimiento se encuentran muchas de las claves para comprender su papel en la vida de quienes buscan su guía. La espada representa la habilidad para cortar, para separar lo verdadero de lo falso, y para liberarnos de las cadenas del miedo, la duda y el ego. En la práctica espiritual, invocar la espada de Miguel es una acción poderosa que fortalece la intención de vivir en verdad, alejándonos de influencias negativas y de engaños. Es el llamado a purificar nuestras mentes y corazones, a despejar los caminos internos y a abrirnos a la presencia de lo divino en nuestras vidas.

Pero Miguel no se define únicamente por su rol como guerrero y protector; él es también el gran consolador, el ángel que vela y acompaña en los momentos más oscuros. Muchos relatos modernos describen su presencia como una energía profunda y pacífica, que disuelve el miedo y la tristeza. Personas de diferentes contextos y tradiciones han experimentado su toque como un bálsamo en momentos de gran sufrimiento, encontrando en él una paz que va más allá de las palabras. Esta dualidad, de ser a la vez protector feroz y fuente de consuelo, hace de Miguel una presencia omnipresente que responde tanto a las batallas externas como a las internas.

Uno de los atributos más notables de Miguel es su capacidad para guiar a las almas hacia su propósito divino. En su rol de líder de la jerarquía angelical, él se convierte en una especie de mentor espiritual, ayudando a las personas a descubrir sus dones, sus misiones y los caminos por los cuales pueden manifestar su propósito. Miguel no solo ofrece protección, sino también dirección, claridad en momentos de incertidumbre y valentía para tomar decisiones que resuenen con el verdadero ser. A través de esta guía, él ayuda a liberar el potencial espiritual que yace dormido en cada individuo, recordándonos que la búsqueda de propósito es, en última instancia, un acto de amor y de servicio a algo más grande que uno mismo.

La figura del Arcángel Miguel, entonces, se revela como una representación compleja y multifacética de la fuerza divina en acción. Él es el equilibrio entre la justicia y la misericordia, entre la valentía y la compasión, y en esta dualidad encontramos una lección profunda: Miguel encarna el arquetipo del guerrero espiritual, aquél que no solo combate las fuerzas externas de oscuridad, sino también las sombras internas que cada uno debe enfrentar para evolucionar. Su presencia recuerda que el verdadero coraje no es solo una respuesta a la adversidad, sino una fuerza transformadora que surge del amor incondicional hacia toda la creación.

La conexión con el Arcángel Miguel puede ser una experiencia profundamente transformadora, que va más allá de la devoción o de las palabras de una oración. Su energía poderosa es una invitación a vivir con mayor conciencia, a actuar con justicia, y a enfrentar los retos de la vida con una valentía que trasciende el miedo. Es un llamado a recordar nuestra propia naturaleza divina, a vivir en coherencia con nuestros valores más altos y a manifestar una realidad que refleje lo mejor de nuestro espíritu. Miguel no solo interviene en nuestras vidas cuando lo llamamos; él está presente, guiando, protegiendo y enseñando, siempre dispuesto a iluminar el sendero hacia el despertar espiritual.

Para aquellos que desean profundizar en la relación con Miguel, no hay barreras insuperables. El arcángel responde a todos aquellos que, con un corazón sincero y humilde, buscan su guía y protección. La conexión con él puede manifestarse a través de simples actos de amor, de la intención pura de vivir en la verdad, y de la disposición a abrazar el cambio y la transformación. La presencia de Miguel es constante, una corriente de luz que nunca se apaga y que siempre está dispuesta a envolver a quienes, en su búsqueda de sentido y paz, se abren a recibir su mensaje y su energía.

En la figura del Arcángel Miguel reside un profundo misterio y una promesa eterna. Es el protector de almas, el guía y el guerrero de la luz que, en su infinita compasión, ilumina el sendero hacia lo divino. Su nombre, su historia y su esencia nos recuerdan la majestuosidad y la misericordia de un poder que va más allá de la comprensión humana, pero que se hace presente en cada acto de bondad, en cada pensamiento de paz y en cada alma dispuesta a trascender sus propios límites. A través de Miguel, aprendemos que la verdadera protección y la fuerza están en la verdad, y en la búsqueda incansable de vivir en sintonía con el amor divino que sostiene toda la creación.

Capítulo 2
Conectándose con la Energía de Miguel

El Arcángel Miguel, en su naturaleza, representa una corriente de energía poderosa y sublime que permanece al alcance de todos aquellos que desean experimentar su guía y protección. Pero conectar con Miguel no es un acto simple o trivial. No es únicamente invocarlo mediante una oración, sino un viaje profundo hacia una sintonización interna, donde el alma abre sus puertas al misterio y se ajusta a la frecuencia elevada de este protector celestial. Para establecer un vínculo con la energía de Miguel, uno debe preparar no solo el espacio externo, sino, sobre todo, el espacio interno. El buscador ha de alinear su corazón y su espíritu, dispuesto a recibir la fortaleza, la paz y la claridad que emanan de esta presencia divina.

Las vibraciones que Miguel despliega en sus encuentros con el ser humano son como una música silenciosa que penetra en el alma, dispersando sombras, disipando miedos, y recordándonos la esencia de lo que somos. La conexión con Miguel es un puente que trasciende las palabras y que se edifica en la confianza, en la apertura a lo desconocido y en la disposición para abrazar su guía sin reservas. Para muchos, es una experiencia transformadora que despierta una nueva forma de percibir la realidad, una conexión que no necesita de explicaciones, porque su verdad se siente en el corazón y reverbera en lo profundo de nuestra conciencia.

El proceso de sintonización con Miguel no es algo que pueda apresurarse; requiere paciencia, intención pura y un deseo sincero de experimentar su energía en su forma más auténtica. La energía de Miguel se asemeja a un rayo de luz azul que desciende desde planos elevados y nos envuelve con una fuerza protectora que disuelve las interferencias, aclara la mente y enciende una llama de paz y determinación en el espíritu. No es una energía que pueda confundirse; cuando se manifiesta, es como si todo el entorno quedara bañado en una claridad extraordinaria, como si la esencia misma de Miguel se revelara en cada aspecto de la vida.

Para conectar con esta vibración angelical, es necesario que el buscador se despoje de sus preocupaciones y miedos, como quien se libera de una carga pesada para recibir el toque ligero de la gracia. En este proceso, no existen límites o requisitos externos; la disposición sincera y el anhelo por recibir su guía son suficientes para acercarse a él. Pero, aunque cualquiera puede sentir la energía de Miguel, hay prácticas y métodos que ayudan a potenciar y estabilizar esta conexión, haciendo que la presencia del Arcángel se vuelva palpable y permanente en el día a día, un ancla de serenidad y protección en medio de los desafíos.

Quienes han sentido la energía de Miguel describen esta experiencia de diferentes maneras, y cada una de ellas refleja la amplitud de su presencia. Algunos sienten una cálida seguridad, un calor que emana de su presencia y disuelve el miedo; otros describen una corriente de paz profunda, como una sensación de que nada externo puede perturbarles. Es como si una calma vasta y poderosa descendiera en el momento en que uno se abre a su influencia. También hay quienes sienten una claridad mental extraordinaria, una visión lúcida que ilumina lo que antes parecía confuso y que abre puertas hacia la resolución de problemas, hacia la comprensión de uno mismo y del propósito de cada experiencia.

Para aquellos que se sienten llamados a establecer esta conexión, hay ciertas técnicas que permiten profundizar en la sintonía con la energía de Miguel. Una de las más efectivas es la visualización, un método mediante el cual uno puede recrear su presencia en el espacio interno, imaginando que la energía del arcángel envuelve y protege cada aspecto de nuestro ser. Esta práctica puede realizarse en un ambiente tranquilo, donde el buscador puede cerrar sus ojos y comenzar a visualizar un rayo de luz azul que se expande, llenando el espacio y creando un escudo de paz. Esta luz azul es una de las manifestaciones de Miguel, y a través de ella, uno puede sentir su poder y su abrazo protector.

Visualizar su luz azul no es solo una imagen mental, sino una invitación para que el arcángel manifieste su presencia en el aquí y ahora, transformando la atmósfera y elevando nuestra energía. Esta visualización puede realizarse en momentos de incertidumbre o confusión, cuando el miedo o la duda oscurecen la mente. En el silencio de esta práctica, el alma del buscador se abre como una puerta hacia una dimensión más alta, y en esa apertura, Miguel entra como una ráfaga de luz que purifica y renueva. La presencia de su energía es tan intensa que muchas veces la visualización se vuelve real en nuestra percepción, como si su figura estuviera junto a nosotros, envolviéndonos con su fuerza.

Otra forma de sintonizarse con la energía de Miguel es a través de la respiración consciente, una técnica sencilla y profundamente efectiva que puede ayudar a abrir los canales de percepción y a atraer su presencia. Esta técnica comienza con una respiración lenta y profunda, permitiendo que cada inhalación y exhalación relaje el cuerpo y calme la mente. Al centrarse en la respiración, uno entra en un estado de serenidad que facilita la conexión. Mientras se respira profundamente, se puede visualizar que, con cada inhalación, una luz azul ingresa en nuestro cuerpo, llenando cada célula y purificando cada rincón de nuestro ser. Al exhalar, se puede imaginar que cualquier energía negativa o bloqueo se disuelve y desaparece, dejando espacio para la paz.

Esta respiración consciente se convierte en un acto de apertura, en un acto de invitación. Es como si uno dijera: "Estoy aquí, Miguel, en paz y receptivo, listo para recibir tu guía". Con cada respiración, nos acercamos un poco más a la vibración de su energía, y cuando el momento es adecuado, su presencia se revela en la calma que envuelve el entorno, en la certeza de que estamos protegidos y guiados. No es una experiencia de palabras o de sonidos, sino una sensación profunda de seguridad que se despliega desde el interior, llenando cada parte de nuestro ser.

Otro método para fortalecer la conexión con el Arcángel Miguel es mediante la repetición de su nombre, un acto que, en su simplicidad, tiene un gran poder. Repetir el nombre de Miguel en silencio o en voz baja es como una invocación que trae su presencia al espacio donde estamos. Este acto, conocido en varias tradiciones espirituales como un mantra o una oración repetitiva, permite que la mente entre en un estado de paz y apertura. Cada repetición es una llamada que resuena en el plano espiritual, una vibración que se eleva y encuentra respuesta en el plano donde Miguel habita. El nombre de Miguel se convierte en un puente, un canal a través del cual su energía desciende y se manifiesta.

Aquellos que practican la repetición de su nombre como una forma de conexión suelen describir una sensación de calor o un ligero cosquilleo que se extiende en el pecho o en el área del corazón, como si una energía suave y cálida se expandiera desde el centro del cuerpo. Esta energía es una señal de que su presencia ha sido invocada y de que está cerca, respondiendo al llamado del buscador. La repetición del nombre también tiene un efecto de purificación; es como si cada palabra pronunciada desintegrara las dudas y los temores, dejando solo la confianza y la paz.

A medida que uno establece una relación continua con Miguel, la sintonización se convierte en algo natural, en una especie de intuición que nos acompaña en el día a día. La conexión con Miguel puede mantenerse a través de pequeños gestos de gratitud, mediante una intención clara de vivir en la verdad, en la rectitud y en el amor. Él responde a la autenticidad de nuestro ser, a la apertura de un corazón que busca el bien, y su presencia es un recordatorio constante de que no estamos solos en el sendero. Cada vez que uno acude a Miguel, ya sea con una oración, una visualización o una simple respiración consciente, la conexión se fortalece, y su energía se vuelve cada vez más accesible y familiar.

La conexión con la energía de Miguel es un acto de humildad, de entrega y de confianza en algo más grande que nosotros mismos. Es abrir las puertas del corazón y permitir que la luz de su protección y amor transforme lo que tocamos. En cada encuentro con su energía, el alma del buscador se purifica y se eleva, encontrando en Miguel no solo un protector, sino un amigo, un maestro y un guía espiritual que está dispuesto a llevarnos por caminos de paz, verdad y compasión. Esta sintonización es un proceso sin fin, un viaje que se enriquece con cada experiencia y que nos invita a ser reflejos de la luz que él representa.

Capítulo 3
Purificación y Preparación Espiritual

La pureza espiritual es el primer paso en el camino de quienes buscan una conexión auténtica y elevada con la energía del Arcángel Miguel. No es un simple acto ritual, sino un compromiso con la limpieza de mente, cuerpo y espíritu, que abre los canales hacia lo divino. En esta preparación, la pureza se convierte en una llave, en un lenguaje que la energía de Miguel entiende y al que responde. Quienes desean acercarse a su presencia deben entender que la purificación es más que una limpieza superficial; es una profunda renovación del ser, un acto de alineación y respeto hacia la vibración sagrada que se desea invocar.

El proceso de preparación espiritual abarca tanto el mundo interno como el entorno en el que uno se encuentra. No es suficiente con desear la conexión; el buscador debe comprometerse a desprenderse de las energías densas, de los pensamientos y emociones que puedan interferir en la claridad de la comunicación espiritual. Este acto de purificación se convierte en un espejo, reflejando el esfuerzo y la sinceridad de la intención del buscador y creando un espacio de paz que invita a Miguel a manifestarse. Para este propósito, existen diversos rituales, prácticas y herramientas que facilitan esta limpieza profunda y que ayudan a establecer un ambiente sagrado.

Uno de los rituales más comunes y efectivos para la purificación energética es el uso del humo sagrado, una práctica ancestral que se encuentra en diversas culturas. La salvia blanca, el palo santo y el incienso son elementos frecuentemente empleados para limpiar el espacio y el aura personal. En el acto de encender el humo, el buscador se dispone a liberar y transformar cualquier energía que no esté en armonía con la vibración de Miguel. Al quemar estas hierbas sagradas, el humo se eleva, llevando consigo las cargas y preocupaciones, y dejando en su lugar una atmósfera de paz y claridad. Mientras el humo recorre el espacio, uno puede visualizar cómo cada rincón, cada objeto y cada partícula de aire se purifican, permitiendo que la energía de Miguel se acerque sin obstáculos.

A la par de esta limpieza externa, es fundamental también realizar una purificación interna, una introspección en la que el buscador reconoce y libera aquellos pensamientos, emociones y patrones que puedan interferir con la conexión espiritual. La meditación es un método poderoso para este propósito. Al silenciar la mente y enfocarse en la respiración, el individuo comienza a crear un espacio interno donde solo habita la paz y la intención pura. En este estado de tranquilidad, uno puede observar las emociones, los temores y las dudas que pudieran surgir, para luego dejarlas ir, como hojas que caen de un árbol. Esta práctica de meditación no solo calma la mente, sino que también estabiliza la energía, preparándola para recibir la vibración de Miguel.

Dentro de este viaje hacia la purificación, el acto de limpiar el espacio físico también juega un papel importante. Se recomienda crear un ambiente que inspire calma y respeto, un lugar donde la mente pueda descansar y el espíritu pueda elevarse. Este espacio, que podría ser un rincón especial en el hogar o un altar sencillo, se convierte en el centro sagrado donde el buscador podrá entrar en contacto con Miguel. Se sugiere mantener este espacio ordenado y limpio, despojándolo de elementos que puedan distraer la atención o crear ruido en la atmósfera energética. La simplicidad, en este caso, es aliada de la pureza, y cada objeto colocado en este espacio debe tener un propósito espiritual que refuerce la intención de conexión.

Una herramienta poderosa en la preparación espiritual es el uso de la visualización, una técnica que permite al buscador construir en su mente el espacio perfecto para la conexión con Miguel. Al visualizar un círculo de luz o un manto de protección que rodee el área de meditación, uno establece una barrera energética que protege y sella el espacio sagrado. Esta visualización no es solo un ejercicio mental, sino un acto de creación que transforma el entorno y lo prepara para recibir la vibración de Miguel. Este manto de luz puede imaginarse como una esfera azul, el color que representa a Miguel, un color que simboliza protección, fuerza y paz. Mientras se visualiza esta luz envolviendo el espacio, uno también puede sentir cómo su propia energía se sincroniza con la pureza que se está creando, elevando su vibración y disposición.

La preparación espiritual, sin embargo, no se limita a rituales externos o a prácticas de visualización; también implica una limpieza a nivel emocional. Este aspecto es tal vez uno de los más desafiantes, pues requiere del buscador una honestidad profunda consigo mismo. Conectarse con la energía de Miguel exige liberarse de resentimientos, culpas y ansiedades que puedan enturbiar el canal de comunicación. La energía del Arcángel responde a la paz y al amor, por lo que cada acto de perdón, cada pensamiento de gratitud y cada gesto de compasión contribuye a esta purificación emocional. Desprenderse de viejas heridas, aceptar las experiencias y abrir el corazón al perdón se convierte en un acto sagrado, un paso crucial en la preparación para recibir la presencia de Miguel.

Además de los actos de limpieza, algunos encuentran útil realizar una oración de intención pura antes de iniciar cualquier conexión con Miguel. Esta oración no sigue fórmulas específicas, pues cada buscador puede expresar sus palabras desde el corazón, pidiendo que su espacio, su mente y su espíritu sean purificados. La oración es una manifestación de humildad y entrega, una forma de abrirse completamente a la ayuda divina y de invitar a Miguel a guiar el proceso. Al verbalizar esta intención, el buscador establece un puente de comunicación sincero, un lenguaje espiritual que Miguel reconoce y al que responde.

La preparación espiritual es, por lo tanto, un acto integral que abarca todos los aspectos del ser. No es solo una limpieza superficial, sino una transformación que se manifiesta en cada pensamiento, en cada acción y en cada palabra. El buscador que se acerca a Miguel con un corazón limpio y una mente en paz está, en esencia, recreando en sí mismo el espacio sagrado donde Miguel puede manifestarse con plenitud. Cada acto de purificación es un reflejo del deseo de alinearse con lo divino, y es a través de este proceso que el ser humano se convierte en un recipiente digno de la energía celestial.

En el silencio que sigue a la purificación, en ese espacio donde ya no hay distracciones ni interferencias, el alma comienza a percibir la sutil pero poderosa presencia de Miguel. Es una sensación de paz profunda, como si el entorno se llenara de una luz invisible que acaricia el alma y que disuelve cualquier rastro de temor. La conexión no siempre se manifiesta de inmediato, pues la presencia de Miguel responde a la sinceridad y a la paciencia del buscador, a la disposición de entregarse y de esperar sin prisa. La energía del arcángel es una bendición que no puede ser apresurada ni controlada; es un regalo que se recibe en la quietud de un espíritu purificado y en la apertura de un corazón sincero.

Así, la purificación y la preparación espiritual son mucho más que un simple conjunto de prácticas; son un camino que transforma, un proceso de auto-reconocimiento y de entrega. Al limpiar el espacio físico, el aura y el corazón, el buscador se convierte en un reflejo de la misma pureza que Miguel representa, y en ese reflejo, la energía del arcángel encuentra una vía directa hacia el alma. No hay obstáculo ni barrera que impida su presencia, porque el buscador ha abierto cada rincón de su ser a la vibración de Miguel, dispuesto a recibir su luz, su protección y su amor.

El encuentro con Miguel es, entonces, una experiencia sagrada que se revela en la simplicidad de un corazón en paz. Es un retorno al hogar, a la esencia divina que habita en el ser humano y que se despierta cuando uno se prepara para recibir su guía. La purificación espiritual no es solo un requisito; es una invitación a un estado de conciencia elevado, a un estado de receptividad que permite que el Arcángel Miguel entre y permanezca en la vida del buscador. A través de esta preparación, el ser humano se transforma y se alinea, convirtiéndose en un canal claro y abierto, listo para experimentar la plenitud de su presencia y para recorrer el sendero espiritual bajo su amparo y su luz protectora.

Capítulo 4
Invocando la Presencia de Miguel

Invocar al Arcángel Miguel es un acto de profunda conexión, donde el espíritu del buscador se alinea con una energía de protección, fortaleza y guía divina. La invocación no es solo una llamada; es una invitación a que Miguel manifieste su presencia en el aquí y ahora, trayendo con él la paz y la claridad necesarias para enfrentar cualquier desafío. Este proceso va más allá de las palabras de una oración; es una práctica que involucra la intención pura y el deseo sincero de interactuar con una de las fuerzas celestiales más poderosas del universo espiritual. La invocación de Miguel, cuando es realizada con humildad y determinación, abre un canal directo hacia su esencia, permitiendo que su presencia descienda y se haga tangible en la vida de quien lo invoca.

Para aquellos que desean comenzar a experimentar la presencia de Miguel, es esencial entender que la invocación es una práctica sagrada, donde la preparación y la disposición interna son claves. La mente debe estar en calma y el corazón debe estar abierto. No se trata de un acto ritual mecánico, sino de una comunicación entre el ser humano y el reino espiritual. A través de la invocación, se establece un diálogo en el que el buscador expresa sus necesidades, sus temores y su deseo de recibir ayuda y guía. Miguel, en su papel de protector, responde a este llamado con una fuerza protectora y amorosa que se despliega en el entorno y que impregna cada aspecto de la experiencia humana.

Uno de los métodos más directos para invocar a Miguel es a través de la palabra, mediante una oración o plegaria que se pronuncia desde el corazón. Las palabras no necesitan ser complejas; la simplicidad es, de hecho, un vehículo poderoso para la conexión con lo divino. Al pronunciar la invocación, el buscador establece un vínculo verbal que abre el canal para que la energía de Miguel se manifieste. La oración puede ser tan sencilla como: "Arcángel Miguel, protector y guía, te invoco en este momento para que me envuelvas con tu luz y me llenes de tu fortaleza. Acompáñame y ayúdame a enfrentar mis desafíos con paz y valentía." Este tipo de oración, pronunciada con intención y sinceridad, tiene el poder de atraer su presencia de manera inmediata.

En la invocación, cada palabra pronunciada debe estar cargada de intención. No es simplemente un recitado; es un acto en el que la mente y el espíritu se alinean con el propósito de conectar. Cuando se invoca a Miguel, uno debe visualizarlo, imaginar su luz y sentir su poder protector. Esta visualización puede ayudar a fortalecer la presencia del arcángel, ya que nuestro enfoque y nuestra imaginación se convierten en puentes hacia su energía. Se puede imaginar que, en el momento de pronunciar la invocación, una luz azul brillante desciende y rodea el entorno, llenando el espacio con una atmósfera de calma y protección. Esta luz azul, que simboliza a Miguel, se percibe como un escudo que cubre y protege de cualquier interferencia negativa.

La invocación también puede complementarse con el uso de objetos simbólicos que representen la presencia de Miguel. Uno de los símbolos más potentes es la espada, que representa su capacidad para cortar cualquier energía negativa o estancada. Tener una pequeña espada simbólica o una imagen de Miguel con su espada puede actuar como un recordatorio visual y tangible de su poder protector. En el momento de la invocación, uno puede sostener la imagen o visualizar la espada de Miguel desintegrando cualquier obstáculo que pueda estar presente, limpiando el espacio y protegiendo al buscador. Este símbolo es más que una simple representación; es una extensión de la energía de Miguel, y su sola presencia puede ayudar a fortalecer la conexión.

La repetición es una práctica que potencia la invocación. Al repetir su nombre o una oración dedicada a Miguel, el buscador establece un ritmo de conexión que fortalece el vínculo. Cada repetición es como un eco que se eleva hacia el plano espiritual, alcanzando al arcángel y estableciendo una resonancia energética entre el mundo terrenal y el mundo celestial. Esta repetición, que puede hacerse en voz alta o en silencio, actúa como un mantra, creando una atmósfera de paz y concentración. Mientras se repite su nombre, uno puede sentir cómo el ambiente cambia, cómo una calma profunda llena el espacio y cómo una sensación de protección comienza a envolver al buscador. La repetición de su nombre crea una vibración que armoniza el entorno, elevando su frecuencia y haciéndolo propicio para la presencia de Miguel.

La música y el sonido también son herramientas efectivas en el proceso de invocación. Algunas personas sienten una conexión más profunda cuando utilizan sonidos sagrados, como los cuencos tibetanos o los mantras cantados. La vibración de estos sonidos limpia y eleva la energía del espacio, creando un entorno favorable para la manifestación de la energía de Miguel. El sonido actúa como un purificador y, a la vez, como un canal de comunicación que facilita la presencia de energías superiores. Al iniciar la invocación, el buscador puede hacer sonar un cuenco o reproducir una música suave que le ayude a concentrarse y a elevar su vibración. Este sonido no solo calma la mente, sino que también establece una sintonía que Miguel reconoce, facilitando su descenso al plano físico.

Para aquellos que desean una conexión aún más profunda, la invocación puede realizarse en momentos específicos del día, como el amanecer o el anochecer. Estas horas tienen una energía particular que favorece la comunicación espiritual, pues son momentos de transición entre el día y la noche, entre la luz y la sombra. En el amanecer, uno puede invocar a Miguel pidiendo su guía y protección para el día que comienza, mientras que al anochecer se le puede pedir que proteja los sueños y que vele por el descanso. La conexión con Miguel en estos momentos de cambio refuerza la invocación y crea un hábito espiritual que sostiene la presencia del arcángel en la vida diaria del buscador.

A través de la invocación, uno no solo pide ayuda o protección; uno también se abre a recibir sus enseñanzas, su sabiduría y su paz. La invocación es un acto de humildad y entrega, donde el buscador reconoce que hay fuerzas más allá de su comprensión y que, al abrirse a ellas, puede encontrar claridad y dirección. Miguel, en su compasión y en su rol de guía, responde a este llamado con una energía que es tanto protectora como transformadora. Al invocar su presencia, uno también está llamando a la verdad, a la integridad y a la valentía, pues Miguel es un espejo que refleja estas cualidades y que inspira a quienes lo buscan a vivir de acuerdo con los principios más elevados.

El acto de invocar a Miguel es también una oportunidad para alinear nuestros pensamientos y emociones con la energía de la protección divina. En el momento de la invocación, es importante liberar cualquier temor, duda o negatividad que pueda interferir con la conexión. Miguel responde a la sinceridad del corazón, a la claridad de la mente y a la apertura del espíritu. Cualquier distracción o preocupación debe dejarse de lado para que su presencia pueda descender sin obstáculos. En este acto de liberación, uno también se transforma, pues cada invocación es una oportunidad de dejar atrás los pensamientos limitantes y de abrazar una visión más clara y amorosa de uno mismo y del mundo.

A medida que uno repite la práctica de invocación, el vínculo con Miguel se fortalece, y su presencia se vuelve una constante en la vida cotidiana. La invocación se convierte en una herramienta que no solo se utiliza en momentos de necesidad, sino que pasa a ser una parte integral de la vida espiritual. Miguel, como protector y guía, responde a cada llamado con una luz que disuelve la oscuridad, y a través de esta conexión, uno aprende a reconocer su energía en los detalles cotidianos, en los pensamientos de paz, en las decisiones tomadas desde la claridad y en la fortaleza que emerge en los momentos de desafío.

Así, la invocación de Miguel no es solo un acto ritual; es una comunión profunda, un diálogo sagrado donde el ser humano y el espíritu celestial se encuentran y se reconocen. En cada invocación, el buscador se purifica y se eleva, y Miguel responde con una presencia que transforma, que guía y que protege. La invocación se convierte, entonces, en un puente hacia una vida guiada por la luz, una vida en la que Miguel está siempre presente, como un amigo, como un mentor y como el guardián eterno de la paz y la verdad.

Capítulo 5
Explorando los Símbolos Sagrados

La conexión con el Arcángel Miguel se profundiza a través de símbolos que encierran su esencia y revelan aspectos de su misión divina. En cada cultura y tradición que lo venera, los símbolos asociados a Miguel —la espada, el escudo, la balanza y la llama azul— representan manifestaciones de sus atributos y su poder protector. Estos símbolos no solo son emblemas visuales, sino que actúan como puentes energéticos hacia su vibración, expresando a través de su forma y significado la misión que Miguel cumple en el plano espiritual y en las vidas de quienes lo invocan. Comprender estos símbolos es adentrarse en los misterios de su naturaleza y abrirse a la sabiduría que encarnan.

La espada es el símbolo más reconocido y potente de Miguel. En las representaciones artísticas y espirituales, esta espada no es un simple arma, sino una extensión de su voluntad divina, una herramienta de luz que corta el mal, disuelve las sombras y revela la verdad. La espada de Miguel es una llama incandescente que representa la claridad, el discernimiento y la valentía necesaria para enfrentar los obstáculos internos y externos. En su poder, esta espada tiene la capacidad de purificar, de cortar lazos con energías negativas y de eliminar bloqueos que impiden el avance espiritual. La espada, por lo tanto, se convierte en un símbolo de liberación, una herramienta que Miguel utiliza para guiar a sus seguidores hacia una vida de integridad y fuerza.

En la práctica espiritual, visualizar la espada de Miguel es un acto que puede traer protección y claridad. Uno puede imaginar esta espada como una luz que desciende desde el cielo, como un rayo que corta y disuelve cualquier energía discordante. Esta visualización ayuda a reforzar la conexión con Miguel y a invocar su ayuda en momentos de confusión o duda. La espada se convierte en una extensión de la voluntad del buscador, en un símbolo de su determinación por vivir en verdad y en armonía con la luz. Este acto de imaginar la espada de Miguel es también una invitación a que él intervenga, a que disipe cualquier oscuridad que pueda estar presente, permitiendo que su guía y protección se manifiesten en cada aspecto de la vida del buscador.

El escudo es otro símbolo fundamental en la iconografía de Miguel, y representa su rol como protector. El escudo de Miguel no solo es un objeto de defensa; es una manifestación de su energía protectora, una barrera impenetrable contra el mal y las fuerzas destructivas. A través del escudo, Miguel extiende su abrazo protector, envolviendo al buscador en una capa de paz y seguridad que disuelve el miedo y los ataques energéticos. Aquellos que invocan a Miguel en momentos de vulnerabilidad o peligro visualizan su escudo como un campo de energía luminosa que los rodea y los resguarda de cualquier influencia negativa. Es una herramienta de confianza que le recuerda al buscador que, con Miguel a su lado, no hay poder que pueda dañarlo ni energía que pueda interferir en su bienestar.

La práctica de visualizar el escudo de Miguel es una forma efectiva de construir un campo de protección personal. Uno puede imaginarse rodeado por este escudo azul, sintiendo cómo una paz profunda llena cada célula, y cómo cualquier energía disonante se disuelve al contacto con este campo protector. Este escudo actúa como un canal de la energía de Miguel, filtrando las influencias externas y permitiendo que solo aquellas energías que estén en armonía con la vibración del amor y la paz se acerquen. El escudo de Miguel no es una barrera de aislamiento; es una herramienta que permite al buscador moverse en el mundo con confianza, sabiendo que está bajo el amparo de un protector celestial.

La balanza, aunque menos conocida, es un símbolo de Miguel que representa el equilibrio y la justicia. La balanza es la encarnación de su capacidad para juzgar con imparcialidad y para ayudar a los seres humanos a encontrar el equilibrio en sus vidas. En este contexto, Miguel no es solo el protector y el guerrero, sino también el juez compasivo que evalúa las acciones y decisiones desde una perspectiva divina. La balanza simboliza la búsqueda de armonía, la capacidad de discernir lo justo y de mantener el equilibrio entre las fuerzas internas y externas. A través de la balanza, Miguel ayuda al buscador a reflexionar sobre sus acciones, a evaluar sus elecciones y a tomar decisiones en armonía con el bien común y la verdad universal.

En la práctica personal, uno puede invocar el símbolo de la balanza de Miguel para encontrar equilibrio en momentos de confusión o de desarmonía. Visualizar esta balanza en el corazón, por ejemplo, puede ayudar a estabilizar las emociones y a encontrar un punto de paz en medio de la adversidad. La balanza se convierte en un símbolo de auto-reflexión, de humildad y de justicia, invitando al buscador a vivir con integridad y a actuar con respeto hacia todos los seres. A través de la balanza, Miguel nos recuerda que el camino espiritual es un sendero de armonía, donde cada pensamiento, palabra y acción debe estar en sintonía con los principios de la verdad y el amor.

Finalmente, la llama azul es el símbolo que encapsula la esencia más pura de Miguel: su naturaleza de luz y protección. La llama azul representa la vibración de la paz, la calma y la transmutación, cualidades que Miguel despliega en su interacción con la humanidad. Esta llama no es solo un fuego espiritual; es una energía que disuelve y transforma, que eleva la vibración y que purifica el entorno. La llama azul es un símbolo de sanación y de renovación, una corriente de luz que limpia el alma y que disuelve cualquier rastro de oscuridad. En la llama azul, Miguel se manifiesta como una presencia que no solo protege, sino que también sana, liberando al buscador de cualquier carga emocional o espiritual que le impida avanzar.

Visualizar la llama azul en momentos de meditación es una práctica que permite al buscador sintonizarse con la esencia de Miguel. Esta llama puede imaginarse en el centro del pecho, como un fuego que arde con intensidad y que ilumina cada rincón del ser. Mientras se visualiza, uno puede sentir cómo este fuego consume cualquier pensamiento de temor o cualquier emoción negativa, transformándolos en luz y paz. La llama azul se convierte así en un símbolo de transformación y purificación, un recordatorio de que, en la presencia de Miguel, el alma se eleva y se libera de cualquier carga que no esté en sintonía con el amor y la verdad. Este acto de visualización es una invitación a que Miguel extienda su energía sanadora y a que llene cada aspecto de la vida del buscador con su paz.

La exploración de estos símbolos permite una comprensión más profunda de la esencia de Miguel y de los diversos aspectos de su misión divina. La espada, el escudo, la balanza y la llama azul son más que representaciones; son puertas de entrada a su energía, expresiones de su propósito y manifestaciones de su poder protector. Cada símbolo actúa como un recordatorio de que Miguel está presente, dispuesto a guiar y a proteger en cada paso del camino espiritual. Estos emblemas nos invitan a abrirnos a la influencia de Miguel, a vivir en armonía con sus valores y a integrar en nuestra vida diaria la fortaleza, el equilibrio y la paz que él representa.

Así, quienes se sintonizan con estos símbolos no solo establecen una conexión con el Arcángel Miguel, sino que también encuentran en ellos guías espirituales para vivir con integridad, valentía y compasión. La espada nos inspira a actuar con claridad y determinación; el escudo nos ofrece protección frente a las adversidades; la balanza nos recuerda la importancia del equilibrio en nuestras acciones, y la llama azul nos purifica y nos eleva. Cada símbolo es una expresión de la naturaleza divina de Miguel, una presencia que está siempre cerca, lista para guiarnos y para transformarnos en nuestra búsqueda de paz y verdad.

En este camino, los símbolos de Miguel no son solo conceptos espirituales; son fuerzas vivas que inspiran, que protegen y que sanan. Al explorarlos, el buscador abre su corazón y su mente a la sabiduría de Miguel, permitiendo que su luz ilumine el sendero y que su presencia llene de paz y fortaleza cada rincón de su vida.

Capítulo 6
Eliminando Influencias Negativas

El Arcángel Miguel, con su energía poderosa y purificadora, es una de las fuerzas más invocadas cuando se trata de liberar influencias negativas que pueden afectar tanto el espíritu como el entorno de quienes buscan su amparo. Las influencias negativas se manifiestan de diversas formas: pensamientos oscuros, emociones de baja vibración, energías densas en el hogar, o incluso conexiones y vínculos perjudiciales que agotan la vitalidad y bloquean el crecimiento personal. Miguel, en su rol de protector, actúa como un purificador que disuelve cualquier traza de negatividad, restaurando el equilibrio y la paz en la vida del buscador.

La espada de luz de Miguel es el símbolo y la herramienta central en este proceso de eliminación de energías negativas. Esta espada no es una simple representación, sino una manifestación de su voluntad y de su capacidad para cortar cualquier lazo o energía que no esté en alineación con la verdad y la luz. Quienes lo invocan sienten que, con su espada, Miguel no solo desintegra las sombras externas, sino también aquellas que el buscador puede llevar dentro de sí, como viejas emociones, miedos y apegos. La espada de luz representa la fuerza y el discernimiento que Miguel otorga a aquellos que desean liberarse de cualquier energía que limite su libertad y paz interior.

Para comenzar este ritual de eliminación de influencias negativas, es fundamental preparar el entorno y la mente. La preparación es un acto de respeto hacia la energía de Miguel y un medio para fortalecer el enfoque y la intención. El buscador puede elegir un espacio tranquilo y ordenado, asegurándose de que el ambiente esté limpio y libre de distracciones. Es recomendable tener una vela blanca o azul, que representa la luz de Miguel, y, si es posible, un objeto o símbolo que conecte con la energía del arcángel, como una pequeña imagen o una representación de su espada. Este espacio se convierte en un altar, un lugar sagrado donde la presencia de Miguel puede manifestarse de forma plena y transformadora.

Al iniciar el ritual, uno debe centrar la mente y la intención, dejando de lado cualquier pensamiento que pueda distraer la atención. La respiración profunda es una herramienta poderosa para lograr este estado de calma y enfoque. Al inhalar, el buscador puede visualizar cómo una luz azul llena su cuerpo, limpiando y purificando cada célula. Al exhalar, puede imaginar que cualquier energía negativa se disuelve y se aleja. Esta respiración consciente prepara el campo energético del buscador, elevando su vibración y creando una disposición receptiva para el trabajo con Miguel.

Una vez establecida esta conexión inicial, se procede a la visualización de la espada de luz de Miguel. Esta espada puede imaginarse como un rayo de luz azul brillante que desciende y se coloca en las manos del buscador. La visualización no es solo un acto mental; es un proceso en el que uno siente el peso y la energía de la espada, como si fuera una extensión de la voluntad de Miguel. Con esta espada, el buscador puede comenzar a cortar cualquier vínculo, lazo o energía que perciba como negativa o limitante. Al mover la espada en el espacio, puede imaginar que cada movimiento desintegra y disuelve las sombras, que se desvanecen ante la luz de Miguel.

Para quienes sienten que necesitan una purificación profunda, pueden visualizar la espada de Miguel recorriendo todo su campo energético, cortando cualquier influencia oscura y dejando a su paso una sensación de ligereza y claridad. Esta práctica permite al buscador deshacerse de cualquier carga emocional o espiritual que pueda estar obstruyendo su camino. Es un acto de liberación que Miguel facilita, permitiendo que el ser se sienta renovado y protegido en su presencia. La espada actúa como un canal directo de la energía de Miguel, y, a través de ella, él extiende su poder de purificación a todos los rincones de la vida del buscador.

Otro método poderoso para eliminar influencias negativas es la oración de protección y liberación. Esta oración puede componerse con palabras sencillas, expresadas desde el corazón, pidiendo a Miguel que disuelva cualquier sombra o energía densa. Un ejemplo de oración es: "Arcángel Miguel, en tu nombre y con la luz de tu espada, te pido que elimines de mi vida cualquier energía, vínculo o influencia que no esté en armonía con mi paz y mi propósito divino. Con tu protección, libérame de todo mal y envuélveme en tu luz y amor." Al pronunciar estas palabras, el buscador expresa su intención de entregarse al poder purificador de Miguel, permitiendo que él actúe como protector y guía en el proceso de liberación.

La repetición de esta oración durante el ritual ayuda a fortalecer la conexión y a atraer la energía de Miguel al espacio y al espíritu del buscador. Cada palabra pronunciada es una manifestación de la intención de cortar y disolver cualquier lazo negativo. Al repetir la oración, se crea un ritmo que eleva la vibración del entorno, y que hace que el buscador sienta cómo, poco a poco, cualquier peso o energía densa comienza a desvanecerse. Es como si la presencia de Miguel descendiera con cada palabra, rodeando al buscador con un escudo protector y disolviendo las influencias que puedan estar interfiriendo con su paz y equilibrio.

El uso del fuego es otro recurso simbólico que puede ayudar en el proceso de liberación. Para quienes se sienten cómodos trabajando con elementos naturales, la llama de una vela puede utilizarse como una herramienta de purificación. Se puede encender una vela azul o blanca y, mientras arde, se visualiza cómo su luz disuelve y quema cualquier energía negativa en el entorno o en el cuerpo. Esta llama representa la luz de Miguel y se convierte en una extensión de su presencia protectora. Al observar la vela, uno puede imaginar que, con cada chispa, la energía de Miguel se extiende, envolviendo al buscador y purificando todo lo que toca.

A medida que el ritual progresa, es natural que el buscador sienta una sensación de paz y ligereza. La energía de Miguel es tan potente que, incluso en momentos de duda o resistencia, él continúa actuando como un guardián de la paz interior. Al invocar su presencia y al trabajar con su espada de luz, el buscador no solo elimina energías negativas; también se fortalece internamente, desarrollando un escudo de protección y claridad que perdura más allá del ritual. Esta fortaleza interior es uno de los mayores regalos de Miguel, pues, al eliminar las influencias negativas, también ayuda al buscador a descubrir su propio poder y su capacidad para vivir en paz y verdad.

Cuando el ritual concluye, es importante agradecer a Miguel por su protección y por su ayuda en el proceso de purificación. Este acto de gratitud cierra el ritual y permite que el buscador se despida de Miguel de forma respetuosa y sincera. La gratitud no es solo una cortesía; es un reconocimiento de la conexión establecida y una forma de honrar la ayuda recibida. Al expresar esta gratitud, uno también se abre a la posibilidad de continuar trabajando con Miguel en el futuro, sabiendo que él estará presente cada vez que se le invoque con un corazón sincero.

El ritual de eliminación de influencias negativas, guiado por el Arcángel Miguel, es una experiencia transformadora que permite al buscador liberar su energía de cualquier interferencia y vivir en un estado de paz y claridad. La espada de luz, la oración de liberación y el uso del fuego son herramientas que, al ser utilizadas con intención pura, se convierten en extensiones de la energía de Miguel. A través de este ritual, uno no solo elimina las sombras externas; también fortalece su espíritu y se prepara para avanzar en su camino espiritual con la certeza de que está protegido y guiado por una fuerza celestial.

Con cada ritual de purificación y cada encuentro con Miguel, el buscador desarrolla una relación de confianza y conexión profunda con este arcángel, sintiendo cómo su energía se convierte en un pilar de protección en su vida diaria. Al eliminar influencias negativas, Miguel no solo ofrece su protección; también enseña la importancia de vivir con integridad, de mantener el espíritu en paz y de rodearse de energías que nutran el crecimiento y la verdad. En su rol de protector, Miguel guía al buscador hacia una vida libre de ataduras y hacia un estado de libertad interior, donde la paz y la fortaleza se convierten en su verdadero refugio.

Capítulo 7
Activando el Escudo Protector

El Arcángel Miguel, en su esencia como protector, es conocido por ofrecer un escudo de seguridad que rodea a quienes lo invocan con fe y sinceridad. Este escudo protector no es solo una imagen simbólica; es una extensión tangible de su energía, un campo de fuerza que Miguel otorga para mantener la integridad del espíritu y del entorno frente a influencias negativas o perturbadoras. Este acto de protección no es un proceso unilateral, sino una colaboración activa donde el buscador, al alinearse con Miguel y su luz, se convierte en un receptor y creador de esta barrera energética.

Activar el escudo protector de Miguel es una práctica que va más allá de un simple acto de visualización; implica una preparación espiritual, una intención clara y una conexión profunda con la energía que él representa. Este escudo se convierte en una armadura sutil y a la vez poderosa, capaz de repeler energías densas, pensamientos negativos y cualquier elemento que intente perturbar el equilibrio y la paz interna. Trabajar con el escudo protector de Miguel significa, en esencia, crear un espacio sagrado de invulnerabilidad donde el buscador puede caminar con seguridad y confianza.

Para quienes desean activar este escudo, el primer paso es la disposición interna. Antes de comenzar, es importante que el buscador se encuentre en un estado de paz, libre de preocupaciones o distracciones que puedan interferir con la conexión. Este estado puede alcanzarse mediante una meditación breve, donde el buscador se centre en la respiración, liberando la mente de pensamientos dispersos y entrando en un espacio de calma profunda. La respiración es una herramienta que ayuda a estabilizar la energía y a preparar el campo áurico para recibir la vibración protectora de Miguel. Con cada inhalación, el buscador puede imaginar que está llenándose de luz, y con cada exhalación, puede visualizar que cualquier tensión o preocupación abandona su cuerpo y mente.

Una vez alcanzado este estado de paz, el buscador puede invocar a Miguel con una oración de intención clara, expresando su deseo de recibir su escudo protector. La oración no necesita ser complicada, sino sincera y desde el corazón. Un ejemplo de oración puede ser: "Arcángel Miguel, protector y guardián, te invoco en este momento para que me cubras con tu escudo de luz y me protejas de toda influencia negativa. Que tu escudo sea mi refugio, mi fuerza y mi paz." Estas palabras, al ser pronunciadas con intención, crean un canal de comunicación directa con Miguel, invitándolo a extender su presencia y su escudo sobre el buscador.

En el momento de la invocación, el buscador puede comenzar a visualizar el escudo protector. Este escudo puede imaginarse como una esfera de luz azul brillante que rodea todo el cuerpo, envolviendo cada rincón del ser en una capa de protección. Esta luz azul, que representa la vibración de Miguel, actúa como una barrera que repele cualquier energía discordante. Visualizar este escudo no es solo una imagen mental, sino un acto de creación que hace que la energía de Miguel se manifieste de forma real y palpable. Al visualizar el escudo, uno puede sentir cómo una paz profunda comienza a impregnar cada parte del cuerpo, y cómo una sensación de seguridad se instala en el corazón y en la mente.

Para quienes desean reforzar esta visualización, es útil imaginar que el escudo se fortalece con cada respiración. Al inhalar, el buscador puede visualizar que la luz azul del escudo se intensifica, volviéndose más brillante y poderosa. Al exhalar, puede sentir que cualquier energía disonante que esté presente es empujada hacia afuera, disolviéndose en la distancia. Este proceso de respiración consciente permite que el escudo se fortalezca y se ajuste a las necesidades del momento, volviéndose más denso y resistente frente a cualquier posible interferencia. Este escudo se convierte en una segunda piel, una protección que se adapta y que responde a la intención del buscador.

Otra técnica poderosa para activar el escudo protector es la repetición del nombre de Miguel como un mantra, una práctica que ayuda a elevar la vibración y a atraer su energía de manera continua. Al repetir su nombre en silencio o en voz baja, el buscador crea un ritmo de conexión que intensifica la presencia del arcángel. Cada repetición del nombre de Miguel actúa como una afirmación de su poder protector, un recordatorio de que su energía está presente y disponible. La repetición constante crea una resonancia en el campo energético del buscador, fortaleciendo el escudo y estableciendo una frecuencia de paz y seguridad.

Para aquellos que deseen llevar esta práctica a un nivel más profundo, pueden utilizar gestos o símbolos en el proceso de activación del escudo. Por ejemplo, el buscador puede imaginar que traza con sus manos una línea de luz alrededor de su cuerpo, creando de esta forma una barrera energética visible y tangible. Este gesto puede realizarse con las palmas abiertas, como si uno estuviera construyendo físicamente el escudo. Al realizar estos movimientos, el buscador está estableciendo una conexión más física y consciente con el escudo de Miguel, creando una forma de protección que no solo es energética, sino también psicológica, pues el acto de visualizar y construir el escudo fortalece la convicción de que está protegido.

La protección de Miguel es tan profunda y transformadora que quienes activan su escudo protector también experimentan una renovación interna. El escudo no solo bloquea las influencias externas negativas, sino que también purifica el campo energético del buscador, ayudándolo a liberar cualquier pensamiento o emoción que no esté en armonía con su paz. La luz azul del escudo, al rodear al buscador, disuelve cualquier sombra interna, facilitando una sensación de claridad mental y emocional. Esta claridad es un regalo que Miguel otorga a aquellos que lo invocan con sinceridad, ayudándoles a mantenerse centrados y en paz en cualquier circunstancia.

Al concluir la activación del escudo, es importante expresar gratitud hacia Miguel, reconociendo su protección y su presencia. Este acto de gratitud no solo cierra la práctica, sino que también refuerza el vínculo con Miguel, manteniendo la energía del escudo activa y constante. Agradecer es una forma de honrar la ayuda recibida, y de afirmar la intención de seguir protegido y guiado por Miguel en cada paso del camino. Esta gratitud es también una forma de anclar el escudo en el corazón y en la mente, creando una protección que perdura más allá de la práctica y que se integra en la vida cotidiana.

El escudo protector de Miguel no es una barrera rígida, sino un campo flexible que responde a las necesidades del momento, adaptándose a las circunstancias y fortaleciendo al buscador en cada situación. Activar este escudo es una herramienta espiritual que puede utilizarse tanto en momentos de vulnerabilidad como en la vida diaria, como una práctica de protección continua. Miguel, en su compasión infinita, ofrece esta protección como una muestra de su amor y de su deseo de que cada ser encuentre paz y seguridad en su camino espiritual.

Con el escudo activado, el buscador puede moverse por la vida con la certeza de que, aunque existan desafíos o influencias externas, su espíritu está protegido y en paz. Este escudo no solo actúa frente a energías negativas, sino que también ayuda a mantener la integridad y la claridad en cada decisión, fortaleciendo la voluntad y el discernimiento. La luz azul que envuelve al buscador es un recordatorio de que Miguel está presente, siempre dispuesto a proteger y a guiar, y que, en su luz, no hay sombra ni temor que pueda prevalecer.

Así, el escudo protector de Miguel se convierte en una herramienta sagrada que, una vez activada, acompaña al buscador en cada paso de su camino. Es una manifestación de la protección divina que Miguel ofrece, una promesa de que, bajo su amparo, cada alma puede encontrar la paz y la seguridad necesarias para avanzar con confianza. En este escudo reside la esencia de Miguel: la fuerza, la compasión y el amor que él extiende a todos aquellos que lo buscan con sinceridad, recordando que, en su presencia, la luz siempre triunfa sobre la oscuridad y que la paz es el estado natural del espíritu.

Capítulo 8
Alcanzando el Equilibrio con la Balanza

El Arcángel Miguel, en su papel de defensor y guía espiritual, no solo protege contra energías oscuras, sino que también inspira equilibrio y armonía en el interior de aquellos que buscan su ayuda. La balanza es uno de los símbolos más profundos asociados a Miguel, representando la justicia, el equilibrio y la paz en cada aspecto de la vida. Este símbolo no es simplemente una imagen que evoca el orden; es un recordatorio de que la vida espiritual y cotidiana se sostienen en la armonía, en el justo medio entre las fuerzas opuestas que componen el universo. La balanza de Miguel es una invitación a vivir con integridad, a actuar desde la honestidad y a buscar el equilibrio en nuestras relaciones, decisiones y pensamientos.

Para quienes buscan el camino del equilibrio, trabajar con la balanza de Miguel implica un proceso de introspección profunda, una evaluación de los aspectos de la vida que necesitan ajuste y armonización. La balanza de Miguel ayuda a quienes se sintonizan con su energía a observarse sin juzgar, a descubrir qué fuerzas se encuentran en desbalance y cómo pueden restaurarse. Miguel, en su sabiduría, actúa como un juez compasivo, ofreciendo claridad y dirección en momentos de confusión y desajuste. No es un juicio que condena; es una guía que ilumina el camino hacia el autocuidado y la paz interna, una balanza espiritual que inspira un vivir pleno y equilibrado.

Uno de los primeros pasos para alcanzar el equilibrio con la ayuda de Miguel es examinar los pensamientos y emociones que nos acompañan día a día. Muchas veces, el desequilibrio en la vida surge cuando el miedo, el enojo o la ansiedad dominan el espíritu, generando una carga emocional que se manifiesta en el cuerpo y en el entorno. Invocar a Miguel en estos momentos es pedir su intervención para que nos ayude a liberar y equilibrar estas emociones. Para ello, uno puede visualizar la balanza de Miguel en el centro del pecho, como si estuviera pesando los pensamientos y sentimientos, equilibrándolos hasta alcanzar un punto de calma y claridad.

Este proceso de visualización puede realizarse en un espacio tranquilo, donde el buscador tenga la oportunidad de cerrar los ojos y centrarse en su respiración. Al inhalar, puede imaginar que la balanza en su corazón se llena de luz y paz, y al exhalar, cualquier emoción negativa o energía perturbadora se disuelve. Es un acto de ajuste y de armonización, donde cada respiración permite que la balanza se estabilice, encontrando un equilibrio entre las emociones opuestas que a veces se desbordan. En este acto, el buscador siente cómo la presencia de Miguel se vuelve palpable, como si él estuviera guiando el proceso y ajustando la balanza con su energía amorosa y compasiva.

Para quienes desean profundizar en el proceso de equilibrio, la meditación con la balanza de Miguel es una práctica que ofrece resultados profundos y transformadores. Al entrar en meditación, uno puede imaginarse a sí mismo en un espacio de paz, con la balanza de Miguel ante sí, resplandeciente y en perfecta armonía. En esta meditación, el buscador puede visualizar cómo coloca en cada plato de la balanza los aspectos de su vida que necesitan ajuste: sus relaciones, sus pensamientos, sus acciones y su salud emocional y física. A medida que coloca cada aspecto en la balanza, puede observar cómo estos se equilibran bajo la guía de Miguel, permitiendo que cada área de la vida alcance un estado de paz y armonía.

Durante esta meditación, es natural que surjan revelaciones, que el buscador se dé cuenta de los aspectos en los que necesita trabajar para restaurar su equilibrio. La energía de Miguel actúa como un espejo en este proceso, permitiendo que el buscador vea con claridad aquello que le impide vivir en paz. Es un momento de introspección profunda, donde se pueden descubrir patrones de pensamiento, hábitos y emociones que necesitan ser liberados. Con la ayuda de Miguel, el buscador no solo observa, sino que también comienza a transformar aquello que lo desvía de su centro, dejándose guiar hacia una vida más equilibrada y armoniosa.

El equilibrio que Miguel inspira no solo se manifiesta en el mundo interno, sino también en las decisiones y en las relaciones que el buscador tiene en su vida diaria. Miguel, en su rol de guardián de la justicia, ayuda a quienes lo invocan a tomar decisiones con integridad, a actuar con compasión y a establecer relaciones basadas en el respeto y en la sinceridad. Su presencia es una fuente de claridad en momentos de conflicto o de duda, permitiendo que el buscador actúe desde el centro, sin dejarse llevar por emociones o pensamientos extremos. La balanza de Miguel es un recordatorio constante de que cada acción tiene un peso, y que cada decisión debe ser tomada con conciencia, buscando siempre el bien común y el respeto hacia uno mismo y hacia los demás.

Una herramienta que muchos encuentran útil para alcanzar este equilibrio es llevar un registro o diario de pensamientos y emociones. Este acto de escribir permite que el buscador observe de manera objetiva las áreas en las que su vida necesita balance. Al revisar sus pensamientos y emociones en papel, el buscador puede identificar patrones de comportamiento y de pensamiento que generan desarmonía. Esta práctica, combinada con la invocación de Miguel, ayuda a revelar lo que necesita ajuste y lo que debe ser transformado. Es una manera de hacer tangible el proceso de equilibrio, de llevar la balanza de Miguel a la vida cotidiana y de utilizar su energía para vivir con mayor paz y coherencia.

La repetición de afirmaciones también es una práctica poderosa para trabajar con la balanza de Miguel. Las afirmaciones son declaraciones de intención que ayudan a alinear la mente y el espíritu con el equilibrio que se desea alcanzar. Al repetir afirmaciones como "Estoy en paz y en equilibrio", "Vivo en armonía con mi ser y con los demás" o "Soy guiado por la luz y la verdad de Miguel", el buscador establece un ritmo de pensamiento que refuerza la armonía y el equilibrio en su vida. Estas afirmaciones, al repetirse con convicción, se convierten en una fuerza que disuelve cualquier desequilibrio y que llena el campo energético del buscador con una vibración de paz y de estabilidad.

Miguel, como guía espiritual, ofrece su balanza como una herramienta para vivir en coherencia y para encontrar la paz en cada aspecto de la vida. Su energía es un recordatorio de que el verdadero equilibrio no se alcanza evitando los extremos, sino encontrando el centro en medio de ellos. A través de la balanza, Miguel enseña que cada emoción, cada pensamiento y cada experiencia tiene un propósito, y que al observar y aceptar estos aspectos con serenidad, el buscador puede encontrar una armonía interna que lo sostenga frente a cualquier desafío. Es un proceso continuo de ajuste, un acto de auto-reflexión que se enriquece con cada encuentro con su energía.

La práctica de trabajar con la balanza de Miguel no solo beneficia al buscador, sino que también impacta su entorno. Cuando una persona encuentra su propio equilibrio, su presencia se convierte en un faro de paz para quienes la rodean. Miguel, en su infinita compasión, ofrece esta armonía como un regalo que no solo transforma al individuo, sino que también se extiende a sus relaciones y al espacio que habita. El equilibrio interno se convierte en una fuente de inspiración y de calma para los demás, una manifestación de la energía de Miguel que actúa como un recordatorio de que, en la paz y en la armonía, el espíritu humano puede encontrar su verdadero propósito.

Así, la balanza de Miguel no es solo un símbolo; es una invitación a vivir de acuerdo con los principios de la verdad, la justicia y el amor. Cada vez que uno se sintoniza con este símbolo, se abre a recibir la guía y la claridad de Miguel, permitiendo que él ajuste y equilibre cada aspecto de su vida. La balanza es un reflejo de la paz interna, una herramienta que, en manos de Miguel, ayuda al buscador a encontrar el camino de regreso a su centro, a vivir con integridad y a manifestar una vida llena de serenidad y de propósito.

En este sendero, el buscador descubre que la verdadera paz y el verdadero equilibrio no son estados externos, sino cualidades que se cultivan y que se sostienen desde el interior. Miguel, con su balanza y su sabiduría, es el guía que recuerda que, en cada acto de equilibrio y de armonía, el alma encuentra su fortaleza, su claridad y su libertad. La presencia de Miguel es un recordatorio constante de que el equilibrio es posible, y de que en esa paz se revela el amor divino que sostiene y guía cada aspecto de la existencia humana.

Capítulo 9
Trabajando con la Llama Azul

La llama azul del Arcángel Miguel es una manifestación de su esencia más pura y elevada. Este fuego espiritual no solo simboliza protección, sino también una energía sanadora y transformadora, capaz de elevar y purificar todo aquello que toca. Trabajar con la llama azul es entrar en contacto con una frecuencia de luz que disuelve las sombras internas y externas, transmutando las energías densas en paz, claridad y amor. En esta llama se encuentra el poder de Miguel, su capacidad de curar y de transmutar, y su esencia protectora que actúa como un escudo contra cualquier influencia negativa. La llama azul es el corazón de la misión de Miguel, su fuerza en acción, y para aquellos que desean experimentar su poder, representa una herramienta de purificación y de renovación espiritual.

La llama azul no es una llama física; es un fuego espiritual que se percibe en el plano de la conciencia, en el espacio interno donde las energías sutiles cobran forma y se hacen tangibles a la percepción. Aquellos que se conectan con la llama azul sienten su calidez y su poder, una energía que envuelve y que transforma desde el centro del ser. Esta llama actúa en todos los niveles del ser: en el cuerpo, purificando las energías físicas; en las emociones, disolviendo el miedo y la tristeza; y en el espíritu, elevando la vibración hacia una conciencia más pura y luminosa. Miguel, a través de su llama azul, nos invita a abrirnos a su protección y a permitir que su energía disuelva cualquier rastro de oscuridad que podamos llevar dentro.

Uno de los primeros pasos para trabajar con la llama azul es crear un espacio de tranquilidad donde el buscador pueda entrar en un estado de paz y receptividad. Este espacio, que puede ser un rincón del hogar o cualquier lugar que inspire calma, se convierte en un altar de conexión con Miguel y su energía. Algunos encuentran útil encender una vela azul o blanca para representar la presencia de Miguel, mientras otros prefieren la simpleza de la meditación sin símbolos externos. Lo importante es que el espacio refleje la intención de conectarse con la llama azul, y que el buscador se sienta cómodo y libre de distracciones para abrirse plenamente a la experiencia.

Al iniciar la práctica, uno puede cerrar los ojos y centrarse en la respiración, dejando que cada inhalación y exhalación calme la mente y el cuerpo. Con cada respiración, el buscador entra en un estado de serenidad, en un espacio donde la llama azul puede manifestarse sin obstáculos. Al establecer esta calma, uno se prepara para recibir la energía de Miguel en su forma más pura, permitiendo que su luz ilumine y limpie cualquier rincón del ser. La respiración se convierte en un puente hacia la presencia de la llama azul, un medio a través del cual el buscador comienza a sentir cómo esta energía desciende y envuelve su cuerpo y su espíritu.

La visualización es una de las técnicas más efectivas para trabajar con la llama azul. Al visualizar, uno puede imaginar que, desde el centro del pecho, surge una chispa de luz azul que crece y se convierte en una llama brillante y cálida. Esta llama, alimentada por la intención y la fe del buscador, se expande hasta envolver todo el cuerpo, creando un campo de luz que disuelve cualquier energía oscura o densa. A medida que la llama crece, el buscador puede imaginar que esta luz azul penetra en cada célula, en cada pensamiento y en cada emoción, limpiando y transmutando todo aquello que necesita liberación. La llama azul se convierte en un fuego que purifica, que sana y que renueva, llenando el cuerpo y el alma con una paz profunda.

Para quienes buscan sanar una herida emocional o liberar un patrón de pensamiento negativo, la llama azul puede enfocarse en esas áreas específicas. Uno puede visualizar que la llama se concentra en el área del cuerpo o de la mente donde siente la tensión o el malestar, permitiendo que el fuego azul disuelva la energía negativa y traiga paz. Este proceso no es instantáneo; requiere paciencia y un estado de entrega, donde el buscador permite que la llama haga su trabajo sin forzar el resultado. La llama azul actúa en su propio tiempo, y Miguel, en su compasión, guía el proceso de sanación, disolviendo el dolor y la negatividad con suavidad y con respeto hacia el ritmo del buscador.

La llama azul también es una herramienta de protección poderosa que puede utilizarse en el día a día para mantener la paz y la integridad energética. Para activar su protección, uno puede visualizar que, cada mañana, al despertarse, se rodea de esta llama azul que lo acompaña durante toda la jornada. La llama se convierte en un manto de luz que repele cualquier influencia negativa y que mantiene la vibración elevada y en paz. En momentos de estrés, o cuando el buscador sienta que necesita una protección adicional, puede simplemente cerrar los ojos y visualizar que la llama azul lo rodea, sintiendo cómo esta luz le brinda fuerza y calma frente a cualquier desafío.

En las relaciones interpersonales, la llama azul es una aliada para quienes desean vivir en armonía y en paz. Cuando surgen conflictos o tensiones, el buscador puede visualizar que la llama azul de Miguel se extiende no solo hacia sí mismo, sino también hacia la otra persona, creando un espacio de paz y de entendimiento. Esta práctica no es una manipulación de la energía de los demás, sino una intención de elevar la vibración de la relación, de establecer un terreno de respeto y de empatía donde ambos puedan expresarse y escucharse desde la paz. La llama azul crea un ambiente de protección y de claridad en las relaciones, ayudando a que cada interacción sea una oportunidad de crecimiento y de conexión sincera.

Al finalizar la práctica con la llama azul, es fundamental expresar gratitud hacia Miguel por su ayuda y protección. Esta gratitud no solo cierra el proceso, sino que también refuerza la conexión con Miguel y con su energía. El acto de agradecer es una forma de anclar la experiencia, de reconocer el poder transformador de la llama azul y de abrirse a seguir trabajando con esta energía en el futuro. La llama azul es una presencia constante, una fuerza que, al invocarse con sinceridad, permanece activa en la vida del buscador, recordándole que Miguel está siempre cerca, dispuesto a proteger, a sanar y a guiar en el camino hacia la paz.

Trabajar con la llama azul no solo trae sanación y protección; también es una experiencia de crecimiento espiritual, una oportunidad para purificar el ser y elevar la conciencia. La llama azul de Miguel es un reflejo de su amor y de su compasión, y quienes se abren a ella descubren un poder que va más allá de la simple protección. En este fuego azul, el buscador encuentra una fuente de paz inagotable, una energía que transforma y que libera de cualquier atadura o sombra. Es una herramienta de autoconocimiento, un espejo de la pureza y de la fortaleza que habitan en el alma, y un recordatorio de que, en la presencia de Miguel, no hay oscuridad que pueda prevalecer.

En el sendero espiritual, la llama azul se convierte en un compañero constante, un fuego que ilumina y que guía en cada paso del camino. Miguel, a través de su llama, inspira a quienes buscan la verdad, la paz y la libertad, ofreciendo su luz como un faro en medio de cualquier dificultad o desafío. La llama azul es el vínculo entre el buscador y Miguel, una conexión que se fortalece con cada práctica y que se manifiesta en cada aspecto de la vida, recordando que, en el poder de la luz, reside la verdadera protección y la verdadera sanación.

De este modo, trabajar con la llama azul de Miguel es mucho más que un acto de invocación; es una experiencia de transformación y de renovación, una puerta hacia la paz y la libertad interna que él ofrece. En cada práctica, el buscador se purifica y se eleva, y la llama azul se convierte en un símbolo vivo de la protección, la sanación y el amor de Miguel, una llama que arde en el corazón y que se extiende como un escudo y una guía en el viaje hacia la plenitud y la paz.

Capítulo 10
Integrando los Atributos de Miguel

El Arcángel Miguel, en su esencia, representa atributos como el valor, la justicia, la protección y la compasión. Estos valores no solo definen su misión celestial, sino que también son cualidades que pueden ser integradas y cultivadas en la vida diaria de quienes lo invocan. Incorporar los atributos de Miguel es emprender un viaje hacia una vida de mayor fortaleza interior, rectitud y liderazgo espiritual. No se trata solo de invocar su presencia en momentos de necesidad, sino de reflejar su esencia en cada pensamiento, acción y decisión, permitiendo que su guía inspire una vida en armonía con los principios más elevados.

Integrar los atributos de Miguel es también un proceso de autotransformación. Este proceso comienza con la disposición a explorar el propio interior, a reconocer los aspectos que necesitan cambio y a cultivar los principios que Miguel representa. En su rol de protector y guía, Miguel no solo nos ampara de las sombras externas, sino que también ilumina las áreas de nuestro ser que requieren evolución. Al trabajar en sincronía con sus valores, el buscador se convierte en un reflejo de su luz, desarrollando un carácter fuerte y compasivo, dispuesto a actuar desde el amor y la justicia.

Uno de los primeros atributos que se busca integrar es el valor, una cualidad fundamental de Miguel. Este valor no es solo la ausencia de miedo; es una fortaleza interior que permite al individuo actuar con rectitud incluso en situaciones de adversidad o incertidumbre. Para cultivar este valor, el buscador puede invocar a Miguel en momentos de desafío, pidiéndole que inspire su espíritu y le otorgue la fuerza necesaria para enfrentar cualquier obstáculo. Visualizar la presencia de Miguel a nuestro lado, su luz azul brillante envolviéndonos, puede brindar una sensación de apoyo y de confianza, recordando que, al igual que él, tenemos la capacidad de enfrentarnos a nuestros miedos y de actuar con coraje.

El valor que Miguel inspira también es una invitación a actuar con autenticidad. Ser valiente no solo significa enfrentar el peligro externo; también implica reconocer y aceptar nuestras vulnerabilidades, nuestras sombras y nuestros deseos más profundos. Es una fortaleza que se cultiva en el silencio, en la auto-reflexión y en la disposición de aceptar nuestra verdad interior. Miguel, con su energía protectora, guía este proceso, ayudándonos a ver con claridad y a abrazar nuestra propia esencia sin miedo al juicio. Con cada acto de valor, el buscador fortalece su conexión con Miguel, demostrando que está dispuesto a vivir en armonía con la verdad y la integridad.

La justicia es otro atributo central de Miguel, un principio que se manifiesta en cada aspecto de su misión. Miguel, en su rol de defensor de la luz, actúa siempre desde una justicia compasiva, una justicia que no busca castigar, sino restaurar el equilibrio y la paz. Para integrar este atributo, el buscador debe cultivar un sentido de equidad y compasión hacia sí mismo y hacia los demás. Este acto comienza con la autoevaluación, con la observación de nuestras acciones, pensamientos y motivaciones, preguntándonos si estamos actuando en armonía con la verdad y el bien común. Miguel nos inspira a actuar con rectitud, a tomar decisiones justas y a actuar desde un amor que abarca y respeta a todos los seres.

Practicar la justicia en la vida cotidiana significa también ser conscientes de nuestras palabras y de nuestras acciones. La justicia, en el sentido más profundo, se refleja en la capacidad de vivir en coherencia, de actuar con integridad y de respetar la dignidad de los demás. Miguel nos enseña que, al actuar con justicia, construimos un entorno de paz y de respeto mutuo. En momentos de conflicto, podemos invocar su presencia, pidiéndole claridad para discernir lo que es justo y sabiduría para actuar en consecuencia. Al permitir que este valor guíe nuestras interacciones, no solo honramos la energía de Miguel, sino que también creamos un espacio de armonía y de verdad en nuestras vidas y en nuestras relaciones.

La protección es un atributo inseparable de Miguel, y su protección se extiende a quienes desean proteger no solo su vida, sino también su paz, su dignidad y sus principios. Para integrar este atributo, el buscador aprende a establecer límites sanos, a proteger su energía y a cuidar de su bienestar físico, emocional y espiritual. La protección de Miguel es una presencia constante que rodea a quienes lo invocan, y quienes desean vivir en armonía con este atributo aprenden a convertirse también en guardianes de su propio espacio sagrado. Establecer límites no es una señal de separación, sino un acto de respeto hacia uno mismo, una manera de honrar la propia paz y de vivir en armonía con los valores que Miguel representa.

El proceso de integrar la protección de Miguel también implica ser una presencia protectora para los demás. El buscador que trabaja en sincronía con este atributo de Miguel se convierte en un refugio de paz para aquellos que le rodean, alguien en quien otros pueden confiar y en quien encuentran apoyo. Esta protección no siempre se expresa en palabras o en actos visibles; a veces, es simplemente una energía de calma y de fortaleza que se irradia y que eleva la vibración del entorno. Miguel, en su compasión infinita, nos enseña que proteger es también respetar, y que el verdadero guardián es aquel que inspira paz y confianza, actuando desde el amor y la comprensión.

La compasión es quizás uno de los atributos más sublimes de Miguel, una cualidad que se expresa en cada acto de su misión celestial. La compasión de Miguel es una fuerza que disuelve el odio, que cura las heridas y que inspira una visión del mundo basada en el amor y en la empatía. Para integrar este atributo, el buscador debe abrir su corazón a los demás, desarrollar la capacidad de escuchar sin juzgar y de actuar desde la bondad. Esta compasión comienza en uno mismo, en el acto de aceptarse y de perdonarse, en la disposición de abrazar cada aspecto de la propia personalidad con amor y respeto. Miguel, con su compasión, nos invita a ver el mundo a través de los ojos del amor incondicional, reconociendo que cada ser es parte de la creación y merece ser tratado con dignidad.

La compasión de Miguel es también una fuerza que transforma. Al actuar con compasión, el buscador se convierte en un canal de sanación para los demás, en un faro de luz que disuelve las sombras de la indiferencia y del juicio. Este atributo se manifiesta en cada acto de amabilidad, en cada palabra de apoyo y en cada gesto de comprensión. Miguel, en su amor infinito, nos inspira a extender esta compasión hacia todo lo que nos rodea, no solo hacia las personas, sino también hacia el mundo natural, hacia los animales y hacia la tierra. Su compasión es un recordatorio de que, al tratar a los demás con amor, nos acercamos cada vez más a la esencia divina y a la paz que él encarna.

La integración de los atributos de Miguel no es un acto instantáneo; es un proceso que se cultiva a través de la práctica y de la dedicación. Con cada paso que el buscador da hacia el valor, la justicia, la protección y la compasión, la conexión con Miguel se fortalece, y su presencia se convierte en una guía constante. Cada atributo que se incorpora en la vida diaria es un reflejo de la esencia de Miguel, un acto de alineación con la luz y la verdad que él representa. Al integrar estos valores, el buscador no solo honra a Miguel, sino que también despierta en sí mismo una fuerza interior que le permite vivir en paz, en armonía y en sintonía con su propósito espiritual.

En este viaje de integración, el buscador descubre que los atributos de Miguel no son solo valores externos, sino cualidades que habitan en su propia esencia. Miguel es un espejo que refleja lo mejor de nuestro ser, y al trabajar con sus atributos, el buscador redescubre su propia luz, su propio potencial y su capacidad de vivir en verdad. Cada acto de valor, de justicia, de protección y de compasión es un tributo a Miguel, un acto de amor que trasciende las palabras y que se manifiesta en la vida cotidiana como una presencia de paz y de fortaleza.

De este modo, integrar los atributos de Miguel es caminar de su mano, es dejar que su luz guíe cada paso y que su presencia inspire cada pensamiento y acción. Es un compromiso con uno mismo y con el mundo, una promesa de vivir en sintonía con los principios más elevados y de extender la paz y el amor en todo lo que hacemos. En este camino, el buscador no solo encuentra protección y guía; también descubre que, al reflejar los atributos de Miguel, se convierte en un canal de su energía, en un ser de luz que, al igual que él, irradia paz, valor y compasión en el mundo.

Capítulo 11
Iniciación Angélica con Miguel

La iniciación angélica con el Arcángel Miguel es una experiencia de profunda transformación, un ritual espiritual que sella el compromiso del buscador con su camino de luz y que lo conecta de manera consciente con la jerarquía celestial. En este rito, Miguel se convierte en el guía que acompaña al iniciado en el despertar de su conciencia y en el descubrimiento de su propósito divino. La iniciación no es un acto externo; es una activación interna que reaviva la chispa de lo sagrado en el alma, invitando al buscador a caminar en armonía con la voluntad divina.

Este ritual de iniciación, guiado por Miguel, es una ceremonia sagrada que representa el paso hacia una vida de mayor conciencia, compasión y servicio. La iniciación es una puerta que se abre hacia la presencia de los ángeles, una conexión directa con las energías celestiales que nutren y protegen el crecimiento espiritual del buscador. Miguel, como líder de los ejércitos celestiales y protector de la humanidad, ofrece este ritual como una bendición para quienes desean vivir con integridad, fortaleza y paz. En su presencia, el iniciado no solo encuentra guía y protección, sino también un profundo sentido de pertenencia y de propósito.

El ritual de iniciación angélica con Miguel requiere de una preparación especial, pues es un momento de apertura y de entrega que implica tanto la disposición física como espiritual. Para comenzar, el buscador debe crear un espacio sagrado, un entorno que esté en perfecta armonía, libre de distracciones y lleno de paz. Este espacio puede ser un lugar en el hogar o un rincón natural, donde la energía fluya con pureza. Encender una vela azul o blanca y tener a mano una imagen de Miguel puede ayudar a intensificar la conexión. La intención es que el buscador se sienta rodeado de una atmósfera de respeto y devoción, un lugar que se convierte en el umbral hacia lo divino.

Al iniciar la ceremonia, el buscador debe centrar su mente y corazón, liberándose de cualquier expectativa o inquietud. El primer paso es la invocación, una llamada sincera al Arcángel Miguel y a la jerarquía celestial, pidiendo que guíen el ritual y que protejan el espacio sagrado. Una invocación simple pero poderosa podría ser: "Arcángel Miguel, guardián y guía, te invoco en este momento sagrado. Abro mi corazón y mi espíritu a tu luz y a tu verdad. Que esta iniciación sea un acto de entrega y de unión con la energía divina. Invoco también a la jerarquía celestial para que me acompañen y me guíen en este camino hacia la paz y la verdad."

Una vez realizada la invocación, el buscador puede cerrar los ojos y visualizar la figura de Miguel ante él. Imaginándolo en su esplendor celestial, el buscador puede sentir cómo una luz azul, suave pero intensa, desciende desde lo alto y rodea su cuerpo. Esta luz es la esencia de Miguel, su energía protectora y sanadora que envuelve al iniciado, preparándolo para el ritual. Visualizar esta luz envolvente es un acto de entrega, un símbolo de disposición a recibir la iniciación con un corazón puro y abierto.

La siguiente etapa del ritual es la ceremonia de purificación, un proceso en el que el buscador se libera de cualquier energía densa o de cualquier pensamiento que pueda interferir en la iniciación. Esta purificación puede realizarse mediante una visualización, en la que el buscador imagina que la luz azul de Miguel penetra en cada célula de su cuerpo, limpiando cualquier traza de miedo, duda o negatividad. Al sentir esta purificación, el iniciado puede percibir cómo su energía se eleva, cómo su mente y su espíritu se alinean con la paz, y cómo su ser se convierte en un canal claro y abierto para recibir la presencia divina.

Después de la purificación, el buscador puede proceder a la fase de aceptación. Este momento es una afirmación de compromiso, un acto de voluntad en el que el iniciado expresa su intención de vivir en alineación con los principios de Miguel y de la jerarquía celestial. Esta declaración puede realizarse en silencio o en voz alta, y no requiere palabras elaboradas; basta con expresar la intención de servir y de vivir en verdad. Por ejemplo, puede decirse: "Me comprometo a caminar en la luz, a actuar con justicia y a vivir en paz. Me abro a la guía de Miguel y de la jerarquía celestial, y acepto mi misión como un ser de amor y de compasión."

Con esta aceptación, Miguel otorga su bendición, y el iniciado puede visualizar cómo su luz azul se intensifica, llenando cada rincón de su ser con paz y fortaleza. Este momento es un acto de comunión, una unión de la energía del buscador con la energía de Miguel. El iniciado siente cómo la presencia del arcángel lo eleva, cómo su espíritu se llena de una serenidad y un poder que lo preparan para la misión de llevar su luz al mundo. Esta energía es un reflejo del compromiso asumido, una confirmación de que Miguel ha aceptado la iniciación y que estará presente en el camino del buscador.

La iniciación culmina con una bendición de Miguel y de la jerarquía celestial. En este momento, el buscador puede sentir la presencia de otros seres de luz que lo rodean, acompañándolo en esta nueva etapa de su vida espiritual. Estos seres, que forman parte de la jerarquía angélica, representan la conexión del iniciado con el amor y la sabiduría divina. El buscador puede imaginar que Miguel y los ángeles colocan sus manos sobre él, infundiéndole paz, claridad y fuerza para su viaje. Esta bendición es el sello final del ritual, un acto que confirma que el buscador ha sido aceptado y que la jerarquía lo acompaña en su misión.

Al finalizar la iniciación, es esencial expresar gratitud a Miguel y a la jerarquía celestial por su presencia y por su guía. Este acto de gratitud es una muestra de respeto y un reconocimiento de la ayuda recibida. Al agradecer, el buscador se abre a continuar su relación con Miguel, a caminar junto a él en cada momento de su vida y a vivir en armonía con la luz divina. La gratitud es también un acto de cierre, un gesto que reafirma el compromiso de honrar la energía y la misión de Miguel en cada pensamiento y acción.

La iniciación angélica con Miguel no solo es un evento espiritual; es el inicio de una vida en conexión con lo sagrado, una apertura a una dimensión de paz y de amor que trasciende las preocupaciones de lo mundano. Este ritual es una confirmación de que el buscador está listo para vivir en integridad, para servir y para expandir la luz en cada aspecto de su vida. Miguel, como guía y protector, acompaña al iniciado en este viaje, brindándole fortaleza, claridad y protección en cada paso.

A partir de esta iniciación, el buscador lleva consigo la esencia de Miguel, una presencia que actúa como un recordatorio constante de su propósito y de su misión. Esta conexión permite al iniciado vivir en un estado de paz y de equilibrio, saber que no camina solo, sino que está acompañado por una fuerza amorosa y sabia que lo guía y lo sostiene. La iniciación con Miguel es, por tanto, una experiencia de renovación y de fortaleza, un renacer en la luz, un compromiso de vivir en armonía con el propósito divino y de extender esa luz a todos los seres y espacios con los que el buscador se encuentre.

La vida después de la iniciación angélica se convierte en una jornada de crecimiento y de servicio. Miguel inspira al iniciado a vivir con valentía, a actuar con compasión y a ser un pilar de paz en el mundo. Esta iniciación es una oportunidad para transformar cada día en una manifestación de los principios celestiales, para ser un reflejo de la presencia de Miguel y de su misión. El buscador que ha recibido la iniciación encuentra en Miguel una fuente constante de inspiración y de guía, una fuerza que lo sostiene y lo impulsa a vivir en coherencia con el amor y la verdad.

La iniciación angélica con Miguel, entonces, es mucho más que un ritual; es el comienzo de una relación sagrada, una alianza con una de las fuerzas más puras y elevadas del universo espiritual. Esta iniciación es una promesa de vivir en la luz, de ser un canal de paz y de amor, y de contribuir a la expansión de la conciencia divina en la tierra. Con cada acto de amor, de justicia y de compasión, el iniciado honra a Miguel y mantiene viva su esencia en el mundo.

Capítulo 12
Meditación con la Presencia Divina

La meditación con la presencia divina del Arcángel Miguel es una experiencia de conexión profunda que permite al buscador sumergirse en la energía del arcángel, sintiendo su protección, su guía y su paz. Más que una simple práctica de silencio, esta meditación es una apertura consciente al campo de energía de Miguel, una vibración tan elevada y pura que disuelve las inquietudes y eleva la conciencia hacia un estado de paz y claridad. Esta práctica es un encuentro sagrado donde el buscador entra en un espacio de comunión espiritual, un lugar en el que la energía de Miguel se percibe como una presencia envolvente y sanadora.

Meditar con la presencia de Miguel implica un acto de entrega, una disposición interna para recibir su influencia y permitir que su esencia transforme el interior del buscador. Este encuentro con Miguel a través de la meditación no es un acto meramente mental; es una experiencia que se vive en el alma, una apertura a la dimensión de la paz divina. A medida que el buscador se adentra en esta práctica, su espíritu comienza a vibrar en armonía con la luz de Miguel, logrando una conexión que va más allá de las palabras y que se expresa en la sensación de estar protegido, amado y guiado en el camino de la vida.

Para preparar el espacio para esta meditación, es recomendable elegir un lugar tranquilo y libre de interrupciones, un rincón que inspire paz y donde el buscador pueda concentrarse sin distracciones. Encender una vela azul o blanca puede ayudar a crear un ambiente propicio para la conexión, ya que la luz de la vela simboliza la pureza y la protección de Miguel. Algunos también prefieren tener cerca una imagen del arcángel o un cristal, como el lapislázuli, que potencia la conexión con su energía. Este espacio se convierte en un umbral sagrado, un lugar donde la mente y el espíritu pueden descansar en la serenidad de la presencia divina.

Al iniciar la meditación, el buscador puede comenzar con una respiración profunda y pausada, un método simple y efectivo para calmar la mente y el cuerpo. Con cada inhalación, uno puede visualizar que está recibiendo una luz suave y pacífica, y con cada exhalación, puede imaginar que cualquier tensión o preocupación se disuelve, dejando espacio para la serenidad. Esta respiración consciente permite que el cuerpo y el espíritu se preparen para la conexión, liberando cualquier distracción y abriéndose a la presencia de Miguel. A medida que la respiración se vuelve un acto natural y rítmico, el buscador entra en un estado de paz que facilita la llegada de la energía del arcángel.

Una vez que la mente y el cuerpo están calmados, el buscador puede pronunciar una breve invocación para llamar a Miguel y a su presencia divina, pidiéndole que guíe y proteja la meditación. Esta invocación puede expresarse con palabras sencillas y sinceras, como: "Arcángel Miguel, protector y guía, te invoco en este momento sagrado. Abro mi corazón y mi espíritu a tu presencia. Que tu luz y tu paz desciendan sobre mí, envolviéndome y guiándome en este camino de amor y verdad." Esta invocación es un acto de apertura, una señal de que el buscador está listo para recibir la influencia de Miguel en su interior.

En el momento de la invocación, es posible comenzar a sentir la presencia de Miguel como una energía suave pero poderosa que llena el espacio. Algunos perciben esta energía como una luz azul intensa, otros como una sensación de calidez que envuelve el cuerpo, y otros como una paz profunda que surge desde el centro del ser. No hay una forma correcta o incorrecta de percibir la presencia de Miguel; cada experiencia es única y depende de la sensibilidad de cada buscador. Lo importante es confiar en la sensación de que Miguel está presente, y de que su energía se está manifestando en el entorno y en el espíritu.

Para profundizar en la conexión, el buscador puede visualizar una columna de luz azul que desciende desde lo alto, rodeándolo y llenando su cuerpo y mente con la esencia de Miguel. Esta luz se percibe como un manto protector, una energía que disuelve cualquier sombra interna y que limpia cada rincón del ser. A medida que uno se adentra en esta visualización, puede sentir que la paz de Miguel se expande, alcanzando cada célula del cuerpo, y que su protección crea un escudo de luz que lo envuelve. Esta columna de luz azul es una manifestación de la presencia divina de Miguel, una energía que transforma y eleva la vibración del buscador.

La meditación puede continuar con el enfoque en esta luz azul, permitiendo que el buscador se sumerja completamente en la experiencia, sin prisa ni expectativa. Es un momento de entrega, donde uno simplemente se deja llevar por la paz que Miguel inspira, sintiendo cómo su presencia llena de claridad y serenidad cada parte de su ser. A través de este estado meditativo, el buscador se abre a recibir cualquier mensaje, visión o sensación que Miguel desee transmitir. En esta paz, pueden surgir pensamientos inspiradores, respuestas a preguntas personales o simplemente una sensación de estar en casa, en un espacio de amor y de comprensión que trasciende lo material.

Durante esta meditación, el buscador también puede experimentar un proceso de sanación, una limpieza profunda que Miguel realiza en el cuerpo energético. Esta sanación puede percibirse como una sensación de alivio, como si cualquier carga o emoción pesada se disolviera en la luz azul de Miguel. Es común sentir que el cuerpo se aligera, que la mente se aclara y que el corazón se expande, abriéndose a la compasión y a la paz. Esta sanación es una de las bendiciones de meditar con Miguel, quien, en su papel de protector, disuelve cualquier traza de negatividad y restaura el equilibrio y la integridad del buscador.

La meditación puede durar el tiempo que el buscador considere necesario, permitiéndose sumergirse plenamente en la presencia de Miguel. Al sentir que la meditación ha concluido, es recomendable agradecer a Miguel por su guía y por su energía. Este acto de gratitud es una forma de cerrar el ciclo de conexión, de honrar la presencia de Miguel y de sellar la energía recibida en el corazón. Agradecer también reafirma el compromiso de vivir en armonía con los principios de paz, protección y amor que Miguel representa, recordando que su presencia no se desvanece al terminar la meditación, sino que permanece como una energía protectora que acompaña en la vida diaria.

La meditación con la presencia divina de Miguel se convierte en una práctica de renovación y de fortaleza que el buscador puede realizar con frecuencia. Con cada sesión, la conexión con Miguel se profundiza, y su energía se vuelve una fuente constante de paz y de claridad. A través de esta práctica, el buscador no solo experimenta la protección y la guía de Miguel, sino que también fortalece su capacidad para vivir en un estado de paz y de equilibrio, sin importar las circunstancias externas. Miguel, en su compasión infinita, responde a cada meditación, ofreciendo su presencia y su luz a todos aquellos que lo buscan con un corazón sincero.

A medida que esta meditación se convierte en una práctica regular, el buscador comienza a notar que la energía de Miguel se manifiesta en su vida de maneras sutiles pero significativas. Sus pensamientos se vuelven más claros, sus emociones más equilibradas, y su percepción más receptiva a la paz y al amor. La presencia de Miguel actúa como una guía silenciosa que inspira cada decisión y que sostiene cada paso en el camino espiritual. Esta conexión se convierte en un vínculo de confianza y de amor, una certeza de que Miguel siempre está cerca, ofreciendo su apoyo y su guía en cada desafío y en cada logro.

Meditar con Miguel es, en última instancia, un acto de entrega y de comunión, una experiencia que transforma la vida del buscador desde su centro. Esta práctica no solo fortalece la relación con Miguel, sino que también despierta la paz interior y el potencial espiritual, permitiendo que el buscador se convierta en un canal de su amor y de su luz. En cada meditación, el buscador se sumerge en la presencia divina, en la paz de Miguel, y en la certeza de que, en su compañía, la vida se llena de propósito y de armonía.

Capítulo 13
Recibiendo Orientación Divina

La orientación divina del Arcángel Miguel es una manifestación de su amor y su compromiso de guiar a quienes buscan claridad y propósito en sus vidas. Conectar con Miguel en busca de dirección espiritual es abrirse a una sabiduría que disuelve las dudas y muestra un camino de paz y verdad. Esta orientación no llega a través de palabras, sino de intuiciones profundas, de señales sutiles y de una paz interior que confirma cada paso. Recibir la guía de Miguel es un acto de fe y de apertura que permite al buscador encontrar respuestas desde la sabiduría divina, elevando su vida y dirigiéndola hacia un propósito mayor.

Abrirse a la orientación de Miguel es abrirse a una forma de comunicación espiritual que trasciende las limitaciones de la mente lógica. Para recibir esta guía, es fundamental crear un espacio de silencio y de escucha interna. Miguel, en su sabiduría, responde cuando el buscador se encuentra en un estado de paz y de receptividad, libre de expectativas y dispuesto a escuchar desde el corazón. Esta disposición es una invitación para que Miguel se manifieste, ofreciendo sus mensajes en formas que solo el espíritu puede interpretar.

Para comenzar este proceso de recepción, el buscador puede elegir un espacio tranquilo, donde pueda concentrarse y relajarse sin interrupciones. Es útil preparar el entorno con una vela azul o blanca, símbolo de la pureza y protección de Miguel, y quizás tener un objeto personal, como un cristal o una imagen, que ayude a profundizar la conexión. Este espacio se convierte en un santuario de escucha, un lugar en el que Miguel puede manifestarse sin interferencias, permitiendo que sus mensajes lleguen con claridad al corazón del buscador.

Al iniciar la práctica, la respiración consciente es una herramienta esencial para calmar la mente y el cuerpo. Cada inhalación permite que el buscador se llene de paz y claridad, mientras cada exhalación libera cualquier distracción o tensión. Este ritmo de respiración prepara el cuerpo y la mente para recibir, estableciendo un estado de paz en el que Miguel puede comunicarse con mayor fluidez. A medida que la respiración se vuelve rítmica, el buscador siente que su mente se aquieta y que un espacio de calma se expande en su interior, listo para recibir la presencia y la guía de Miguel.

Una vez alcanzado este estado de calma, el buscador puede realizar una invocación sencilla para invitar a Miguel a guiar su espíritu. Esta invocación, expresada desde el corazón, puede ser tan breve como: "Arcángel Miguel, te invoco en este momento para recibir tu guía y tu claridad. Abro mi corazón y mi mente a tus mensajes, y confío en que tu sabiduría iluminará mi camino." Este llamado no es solo una petición; es un acto de entrega y de confianza en que Miguel responderá con la orientación que el buscador necesita, sea de forma inmediata o en los días siguientes.

La orientación de Miguel puede manifestarse de distintas maneras. Para algunos, se presenta como una sensación interna de certeza, una intuición que se siente en el corazón y que disipa cualquier duda. Para otros, los mensajes llegan en forma de símbolos, visiones o pensamientos que surgen durante la meditación. Es común que Miguel se comunique a través de señales en el mundo externo, como palabras o imágenes que aparecen en momentos significativos, o incluso a través de conversaciones que parecen responder directamente a las preguntas del buscador. Estas señales son una forma de confirmar su guía, un recordatorio de que Miguel está presente y de que sus mensajes llegan en el momento y de la forma adecuada.

Para quienes desean fortalecer su capacidad de recibir la orientación de Miguel, es recomendable llevar un diario espiritual. En este diario, el buscador puede anotar las intuiciones, pensamientos o visiones que surjan durante la meditación o en momentos de paz. Escribir los mensajes recibidos es una forma de anclarlos en la conciencia y de crear un registro que puede consultarse en el futuro. Al revisar estas anotaciones, el buscador puede reconocer patrones, mensajes recurrentes o temas que Miguel está revelando en su vida. Este proceso de escritura no solo ayuda a recordar los mensajes, sino que también fortalece la conexión con Miguel, pues cada palabra escrita es un acto de gratitud y de atención a su guía.

La práctica de la escucha activa es otra técnica que facilita la recepción de la orientación divina de Miguel. Escuchar activamente implica un estado de atención plena en el momento presente, sin interpretar o juzgar los pensamientos o sensaciones que surjan. En este estado de receptividad, el buscador se abre a recibir cualquier impresión que Miguel pueda transmitir. La mente no interfiere, sino que se convierte en un canal a través del cual los mensajes de Miguel pueden fluir con claridad. Este tipo de escucha es un ejercicio de entrega y de fe, una disposición a recibir sin expectativas ni prisa, permitiendo que la guía llegue de forma natural y en el momento adecuado.

Durante la meditación o la escucha activa, el buscador puede encontrarse con pensamientos o emociones que parecen interferir con la recepción de los mensajes. En estos casos, es útil visualizar que Miguel está presente, rodeando al buscador con su luz azul y disolviendo cualquier energía discordante. Esta visualización no solo purifica el espacio interno, sino que también fortalece el vínculo con Miguel, recordando que su presencia está allí para proteger y guiar, incluso cuando surgen dudas o distracciones. Esta luz azul es una señal de que Miguel está presente, un recordatorio de que su guía se manifestará con claridad cuando el buscador esté listo para recibir.

Es importante recordar que la orientación de Miguel no siempre llega en forma de respuestas específicas o de soluciones directas. Muchas veces, su guía es una invitación a confiar en el proceso, a seguir un camino de paz y de verdad sin conocer todos los detalles. Esta orientación se manifiesta como una confianza profunda, una certeza de que, aunque los pasos individuales no estén claros, el camino se iluminará conforme el buscador avance. Miguel inspira al buscador a vivir con fe, a actuar desde el amor y a tomar decisiones basadas en la paz interior, sabiendo que cada elección alineada con la verdad es una manifestación de su guía.

La práctica de discernir los mensajes de Miguel se fortalece con el tiempo y la constancia. Al principio, es posible que el buscador tenga dudas sobre si las señales que percibe son realmente mensajes del arcángel. Con el tiempo, sin embargo, esta sensibilidad se afina, y el buscador comienza a reconocer la paz y la claridad que acompañan a los mensajes de Miguel. La orientación divina se distingue por su naturaleza tranquilizadora, por la certeza que ofrece y por el amor que impregna cada mensaje. Miguel nunca transmite miedo ni confusión; sus mensajes siempre elevan y guían hacia la paz.

Al finalizar la práctica, es recomendable agradecer a Miguel por su presencia y su guía. Este acto de gratitud no solo honra la relación con el arcángel, sino que también reafirma el compromiso del buscador de seguir su orientación con fe y respeto. La gratitud es una forma de cerrar el espacio de recepción y de sellar los mensajes en el corazón, recordando que la guía de Miguel continuará manifestándose en la vida diaria. Agradecer también fortalece el vínculo con Miguel, confirmando la apertura a recibir su ayuda en el futuro.

Recibir orientación divina de Miguel es una experiencia que transforma y que eleva, una fuente de paz y de claridad que ilumina cada aspecto de la vida del buscador. Esta conexión con Miguel no solo proporciona respuestas; también inspira al buscador a vivir con propósito, a actuar desde la compasión y a seguir un camino de amor y de verdad. Miguel, en su rol de guía y protector, ofrece esta orientación como un regalo, un recordatorio de que, en cada paso, el buscador está acompañado por una luz que lo protege y que lo dirige hacia el propósito más elevado de su ser.

Con el tiempo, la relación con Miguel se convierte en un refugio constante de claridad y de paz. Su guía se manifiesta en los momentos de silencio, en las señales del entorno y en la intuición profunda que surge en el corazón del buscador. Miguel, en su infinita compasión, ofrece esta orientación divina como una muestra de su amor, una promesa de que el buscador nunca camina solo y de que, en cada decisión tomada desde el amor y la paz, se manifiesta la presencia divina.

Capítulo 14
Construyendo su Autodefensa

Construir una autodefensa espiritual con la ayuda del Arcángel Miguel es desarrollar una fortaleza interna y un escudo energético que protegen al buscador en cada aspecto de su vida. Esta autodefensa no es una barrera rígida ni un acto de aislamiento; es un campo de protección consciente que permite al buscador vivir en paz y en equilibrio, libre de influencias que puedan perturbar su bienestar o interferir con su propósito. La energía de Miguel, en su infinita capacidad de amparo, actúa como un manto de seguridad y de claridad, ofreciendo a quienes lo invocan la confianza y la estabilidad necesarias para enfrentar las adversidades sin perder la paz interior.

El proceso de construir esta autodefensa implica prácticas regulares de visualización, afirmación y fortalecimiento energético, todas guiadas por la intención de mantener una conexión estable y protectora con la energía de Miguel. Con el tiempo, esta autodefensa se convierte en un campo de luz azul que envuelve y sostiene, adaptándose a las necesidades del buscador y reforzándose con cada encuentro y cada invocación a Miguel. Es una defensa que se construye desde el amor y la confianza, no desde el miedo, pues la verdadera protección emana de un estado de paz interna que Miguel ayuda a establecer en el corazón y en el espíritu.

Para comenzar a construir esta autodefensa, es fundamental crear una base de conexión estable con Miguel. Este primer paso requiere que el buscador establezca una práctica de invocación diaria, una manera de fortalecer el vínculo con Miguel y de recordarle su compromiso de recibir su protección. Al despertar cada mañana, uno puede realizar una breve invocación, como: "Arcángel Miguel, protector y guía, te invoco en este nuevo día. Cubre mi ser con tu luz y ayúdame a construir una defensa que me mantenga en paz y protegido en cada paso." Esta invocación es una forma de empezar el día bajo la influencia de Miguel, estableciendo un campo de energía que lo acompañará y protegerá.

Una técnica poderosa para activar la autodefensa es la visualización del escudo azul, una barrera luminosa que rodea al buscador y que se activa en cualquier momento de necesidad. Para visualizar este escudo, el buscador puede cerrar los ojos y respirar profundamente, imaginando que desde el centro de su pecho surge una luz azul que crece y se expande hasta formar una esfera que envuelve todo su cuerpo. Esta esfera representa la protección de Miguel, una energía que no solo repele las influencias externas negativas, sino que también equilibra y fortalece el campo energético del buscador, llenándolo de paz y de seguridad.

Al visualizar el escudo azul, es útil imaginar que este se fortalece con cada respiración. Al inhalar, el buscador puede visualizar que el escudo se vuelve más brillante y resistente, mientras que, al exhalar, cualquier energía negativa que pudiera estar presente es expulsada y disuelta. Esta respiración consciente permite que el escudo se convierta en un campo de protección activo, una defensa que responde y se adapta a cada circunstancia. Este escudo, guiado por la energía de Miguel, se vuelve un refugio que el buscador puede activar y fortalecer cada vez que lo necesite, recordando que no está solo y que la protección de Miguel está presente en cada instante.

Otra práctica esencial para construir una autodefensa efectiva es la repetición de afirmaciones de protección, palabras de poder que fortalecen el espíritu y refuerzan el vínculo con Miguel. Estas afirmaciones pueden repetirse en voz alta o en silencio, y son una manera de programar la mente y el espíritu para vivir en un estado de paz y de seguridad. Algunas afirmaciones útiles incluyen: "Estoy protegido por la luz de Miguel," "Mi energía está en paz y en equilibrio," o "Nada que no esté en armonía con mi bienestar puede afectarme." Al repetir estas palabras, el buscador crea un campo de energía positiva que actúa como un escudo protector y que fortalece la presencia de Miguel en su vida.

Además de la visualización y las afirmaciones, el contacto con la naturaleza es otra herramienta poderosa para reforzar la autodefensa. La energía de la naturaleza, en su pureza y equilibrio, ayuda a limpiar y a recargar el campo energético del buscador, facilitando la conexión con la protección de Miguel. Caminar descalzo sobre la tierra, respirar el aire fresco y contemplar el entorno natural son maneras de liberar las tensiones y de fortalecer la autodefensa. Miguel, como protector de la paz y de la armonía, encuentra en la naturaleza un canal que ayuda al buscador a mantener su energía limpia y equilibrada, reforzando el escudo protector que lo rodea.

En momentos de vulnerabilidad o de exposición a energías discordantes, el buscador puede fortalecer su autodefensa mediante un ritual de limpieza con la llama azul de Miguel. Este ritual puede realizarse de forma sencilla, visualizando que una llama azul desciende y rodea el cuerpo, disolviendo cualquier energía que pueda afectar el equilibrio o la paz interna. Al visualizar esta llama, el buscador puede sentir cómo su energía se purifica y cómo el escudo se refuerza, manteniéndolo protegido y en paz. Este acto de limpieza es una forma de renovar la autodefensa, de recordar que la protección de Miguel está siempre al alcance y de restaurar la calma en cualquier situación.

La construcción de una autodefensa también implica el desarrollo de la intuición, la capacidad de percibir las energías y de identificar aquellas que no están en armonía con el bienestar propio. La intuición es una herramienta que Miguel fomenta en el buscador, ayudándolo a reconocer y a evitar situaciones o personas que puedan perturbar su paz. Este sentido de percepción es una forma de defensa interna, una habilidad que permite al buscador tomar decisiones alineadas con su bienestar y protegerse de manera consciente. Miguel actúa como un maestro en este proceso, inspirando al buscador a confiar en sus percepciones y a actuar con discernimiento y sabiduría.

La autodefensa espiritual, cuando se construye con la ayuda de Miguel, se convierte en un campo de protección que no solo protege el cuerpo y la mente, sino también el corazón y el espíritu. Esta defensa es una energía viva, una presencia que el buscador lleva consigo en cada paso y que refuerza su paz y su fortaleza. Al caminar en esta seguridad, el buscador descubre que la verdadera protección no consiste en evitar las experiencias, sino en enfrentarlas con una confianza profunda y con una paz que Miguel inspira y sostiene en el interior.

Al finalizar cada práctica de autodefensa, es importante expresar gratitud hacia Miguel por su protección y su guía. Este acto de gratitud no solo refuerza la relación con el arcángel, sino que también ayuda al buscador a anclar la experiencia de protección en su conciencia, recordándole que siempre puede contar con la energía de Miguel. Agradecer es una forma de reconocer la presencia de Miguel y de afirmar el compromiso de mantener una conexión consciente y abierta con su energía.

Con el tiempo, la autodefensa espiritual se convierte en una presencia constante, un estado de paz y de protección que el buscador lleva consigo en cada aspecto de su vida. Miguel, en su compasión y en su rol de protector, actúa como un guardián, ofreciendo su energía y su luz a quienes desean vivir en paz y en equilibrio. La autodefensa es, en esencia, un acto de amor propio, una manera de honrar la paz interior y de vivir con la certeza de que, bajo la protección de Miguel, el buscador puede caminar con seguridad y confianza, sin miedo y con una fortaleza que emana desde lo más profundo de su ser.

Esta autodefensa, construida con la ayuda de Miguel, no solo protege; también fortalece y equilibra, convirtiéndose en una herramienta de crecimiento y de paz. En cada visualización, en cada afirmación y en cada acto de conexión con la naturaleza, el buscador descubre que la protección no es una armadura rígida, sino una vibración de paz y de amor que Miguel infunde en el espíritu. Con su autodefensa activada, el buscador vive en un estado de serenidad, sabiendo que, pase lo que pase, la presencia de Miguel está siempre cerca, ofreciendo su escudo y su amparo.

Capítulo 15
Curación Emocional con Miguel

La curación emocional con el Arcángel Miguel es una experiencia de liberación profunda y de paz restauradora que permite al buscador sanar heridas del pasado, disolver miedos y reconectar con su esencia más pura. Miguel, en su compasión infinita, ofrece su energía como una luz sanadora que disuelve las sombras emocionales y restaura el equilibrio interno. Su presencia actúa como un bálsamo para el corazón y la mente, permitiendo que el buscador libere patrones de dolor y transforme sus emociones en una fuente de fortaleza y de amor propio. La curación emocional con Miguel es un proceso de renacimiento, una oportunidad de sanar y de caminar hacia una vida llena de paz y de libertad interior.

La curación emocional no es un proceso inmediato; es un viaje de autoconocimiento y de liberación en el que Miguel acompaña al buscador con paciencia y comprensión. La curación que él inspira no se enfoca en olvidar el pasado o en reprimir las emociones, sino en integrar cada experiencia y en transformar el dolor en sabiduría y en fuerza. Con la ayuda de Miguel, el buscador aprende a abrazar sus emociones, a reconocer las heridas que han quedado sin sanar y a encontrar en cada emoción una lección que lo guíe hacia el amor y la compasión. Miguel, con su energía protectora, facilita este proceso, creando un espacio seguro donde el buscador puede explorar y sanar sus emociones sin temor.

Para iniciar el proceso de curación emocional con Miguel, es fundamental crear un entorno tranquilo y acogedor, un lugar donde el buscador se sienta seguro y en paz. Este espacio se convierte en un refugio de sanación, un sitio en el que el buscador puede abrirse a sus emociones y permitir que la energía de Miguel lo envuelva con amor. Algunos encuentran útil encender una vela azul o blanca como símbolo de la luz sanadora de Miguel, mientras que otros prefieren un ambiente más sencillo, sin elementos externos. Lo importante es que este espacio inspire calma y que el buscador sienta que, en ese lugar, puede abrir su corazón sin miedo.

Una vez preparado el entorno, el buscador puede comenzar con una práctica de respiración profunda, que le permita calmar la mente y el cuerpo. Con cada inhalación, puede visualizar que está recibiendo la luz de Miguel, una energía suave y sanadora que penetra en su ser y llena cada rincón de paz. Con cada exhalación, el buscador puede imaginar que cualquier tensión o dolor emocional se disuelve y es liberado. Esta respiración consciente ayuda a que el buscador entre en un estado de serenidad, un espacio de receptividad en el que la energía de Miguel puede comenzar a trabajar en su interior.

Una vez alcanzado este estado de calma, el buscador puede realizar una invocación para invitar a Miguel a guiar el proceso de sanación. Esta invocación no necesita ser compleja; basta con que se exprese con sinceridad y desde el corazón. Un ejemplo de invocación podría ser: "Arcángel Miguel, protector y sanador, te invoco en este momento. Abro mi corazón a tu luz y a tu paz, y pido tu ayuda para sanar las heridas que llevo en mi interior. Guíame en este proceso de liberación y de amor, y permíteme encontrar en tu presencia la paz que mi alma necesita." Esta invocación es un acto de entrega, una señal de disposición para permitir que la luz de Miguel disuelva las emociones dolorosas y restaure el equilibrio interno.

Para profundizar en el proceso de curación, el buscador puede visualizar que Miguel se encuentra junto a él, rodeándolo con su luz azul sanadora. Esta luz se percibe como una presencia cálida y protectora, una energía que envuelve el corazón y disuelve cualquier dolor o carga emocional. A medida que uno se sumerge en esta visualización, puede sentir que la paz de Miguel se expande, alcanzando cada rincón de su ser y llenándolo de una sensación de alivio y de calma. Esta luz azul es la esencia sanadora de Miguel, una energía que transforma el dolor en paz y que ayuda al buscador a soltar cualquier carga que esté listo para liberar.

Durante esta visualización, el buscador puede enfocarse en una emoción específica que desee sanar. Puede ser un sentimiento de tristeza, de ira, de culpa o de miedo, o una herida emocional que haya quedado sin resolver. Al concentrarse en esta emoción, el buscador permite que Miguel la rodee con su luz, disolviendo las sombras y transformando el dolor en una energía de amor y de comprensión. Esta práctica no es solo un acto de liberación; es un proceso de aceptación y de auto-amor, en el que el buscador aprende a ver sus emociones desde la compasión y a integrarlas en su vida como lecciones y como fuentes de crecimiento.

Para aquellos que sienten una carga emocional profunda, el ritual de la llama azul es una herramienta poderosa de sanación. En este ritual, el buscador visualiza una llama azul en el centro de su pecho, una luz que representa la esencia sanadora de Miguel. Al enfocarse en esta llama, el buscador puede imaginar que cada emoción dolorosa, cada pensamiento negativo o cada recuerdo que aún duele es absorbido por la luz de la llama y transformado en paz. A medida que la llama azul consume estas emociones, el buscador siente cómo su corazón se aligera, cómo el dolor se disuelve y cómo una paz profunda comienza a llenar su ser.

Para profundizar en la curación, es útil llevar un diario emocional, un espacio en el que el buscador pueda expresar sus pensamientos y sentimientos con libertad. Este acto de escritura es una manera de liberar las emociones y de observarlas desde una perspectiva de auto-compasión. Al escribir sobre sus emociones, el buscador no solo las reconoce, sino que también les da un lugar en su conciencia, permitiendo que se transformen y que se integren en su vida de manera saludable. Este diario se convierte en un canal de comunicación con Miguel, un espacio en el que el buscador puede expresar sus necesidades y recibir su guía en el proceso de sanación.

La práctica de afirmaciones es otra herramienta valiosa para quienes buscan sanar con la ayuda de Miguel. Estas afirmaciones son declaraciones de amor y de aceptación que ayudan a reprogramar la mente y a fortalecer la conexión con la energía de Miguel. Algunas afirmaciones útiles pueden ser: "Soy digno de amor y de paz," "Mi corazón está en paz y en equilibrio," o "Permito que la luz de Miguel sane cada herida en mi interior." Estas palabras, al repetirse con convicción, actúan como un recordatorio constante de que la sanación es posible y de que Miguel está presente, ofreciendo su amor y su paz en cada momento.

Con el tiempo, la práctica de curación emocional con Miguel se convierte en una fuente constante de paz y de renovación. A medida que el buscador libera sus emociones dolorosas y se abre al amor de Miguel, su corazón se llena de una serenidad y de una fortaleza que lo ayudan a enfrentar cualquier desafío emocional con confianza y con paz. La curación emocional no es solo un proceso de liberación; es una transformación que permite al buscador reconectar con su esencia más pura y redescubrir su capacidad de amar y de vivir en armonía consigo mismo y con los demás.

Al concluir cada práctica de sanación, es importante agradecer a Miguel por su presencia y su ayuda. Este acto de gratitud refuerza la conexión con el arcángel y recuerda al buscador que la curación es un proceso continuo, un viaje de crecimiento y de autocompasión. Agradecer es una forma de sellar el proceso, de afirmar que el amor y la paz de Miguel permanecerán en el corazón del buscador, guiándolo y protegiéndolo en cada paso de su camino.

La curación emocional con Miguel es, en última instancia, un camino de regreso al amor y a la paz interna. Su presencia actúa como un faro que disuelve las sombras y que ayuda al buscador a descubrir la fortaleza y la serenidad que habitan en su interior. Con cada práctica de sanación, el buscador renueva su conexión con Miguel y aprende a ver sus emociones como una fuente de sabiduría y de crecimiento. Miguel, en su amor infinito, ofrece su luz como un bálsamo para el alma, permitiendo que cada herida se transforme en un paso hacia la plenitud y la paz interior.

Capítulo 16
Restauración de la Salud Física

La restauración de la salud física con la ayuda del Arcángel Miguel es una práctica que conecta el cuerpo con la vibración de paz y de sanación que emana de su energía divina. Miguel, conocido por su rol de protector, también actúa como un sanador en el plano físico, infundiendo fortaleza, equilibrio y vitalidad en quienes buscan su asistencia para recuperar la salud y el bienestar corporal. Su luz, percibida como una energía azul intensa y sanadora, tiene la capacidad de revitalizar cada célula, de limpiar las energías estancadas y de promover una recuperación profunda que abarca tanto el cuerpo como el espíritu. La sanación física guiada por Miguel no solo alivia los síntomas, sino que también busca restablecer la armonía completa entre el cuerpo, la mente y el alma.

La salud física es el reflejo de un equilibrio interno, una conexión entre el bienestar emocional, mental y espiritual. Miguel, con su energía purificadora, ayuda al buscador a restaurar este equilibrio, promoviendo una sanación que se extiende a todos los aspectos del ser. La restauración de la salud física con Miguel es un proceso de reequilibrio energético, un método en el que el buscador se abre a recibir su luz y su fuerza, permitiendo que el cuerpo se recargue y se renueve en la paz que él inspira. A través de la guía de Miguel, el buscador no solo sana el cuerpo, sino que también fortalece su vitalidad, logrando una conexión estable y continua con su esencia divina.

Para iniciar este proceso de sanación, es importante que el buscador cree un ambiente de calma y receptividad, un espacio donde el cuerpo y la mente puedan relajarse y abrirse a la energía sanadora de Miguel. Este espacio puede estar adornado con elementos que simbolicen la energía de Miguel, como una vela azul o blanca o un cristal de lapislázuli, que potencia la sanación y la conexión espiritual. Al establecer este entorno, el buscador está preparando tanto su cuerpo como su espíritu para recibir la luz sanadora de Miguel, creando un santuario en el que su presencia puede manifestarse con plenitud.

Al comenzar la práctica, la respiración consciente es una herramienta poderosa para preparar el cuerpo y la mente para recibir la sanación. Con cada inhalación, el buscador puede visualizar que está absorbiendo la luz de Miguel, una energía azul que llena cada rincón de su ser, purificando y revitalizando. Con cada exhalación, puede imaginar que cualquier energía densa, cualquier dolor o tensión, se disuelve y es liberada. Esta respiración consciente permite que el cuerpo se relaje y que el espíritu se centre, creando un estado de paz que facilita la entrada de la energía sanadora de Miguel.

Una vez alcanzado un estado de calma, el buscador puede realizar una invocación, llamando a Miguel para que lo guíe y lo acompañe en el proceso de sanación física. Esta invocación puede ser breve y directa, como: "Arcángel Miguel, sanador y protector, te invoco en este momento. Abro mi cuerpo y mi espíritu a tu luz sanadora. Permite que tu energía restaure mi salud, renueve mi fuerza y traiga equilibrio y paz a cada célula de mi ser." Esta invocación es un acto de entrega, una disposición a recibir la ayuda de Miguel y a permitir que su energía fluya libremente en el cuerpo, restaurando cada aspecto que necesite sanación.

En esta conexión, el buscador puede visualizar que Miguel se encuentra junto a él, rodeándolo con su luz azul sanadora. Esta luz se percibe como una energía cálida y protectora que envuelve cada parte del cuerpo, penetrando profundamente y limpiando cada célula. A medida que la luz de Miguel se expande, el buscador puede sentir cómo su cuerpo comienza a relajarse y a revitalizarse, cómo cualquier área que esté en tensión o en dolor se llena de una sensación de alivio y de paz. Esta luz azul representa la sanación que Miguel ofrece, una energía que disuelve el malestar y que infunde vitalidad y equilibrio.

Para quienes enfrentan una dolencia específica o un área del cuerpo que requiere atención, es útil enfocar la visualización en esa parte en particular. Al concentrarse en el área que necesita sanación, el buscador puede imaginar que la luz azul de Miguel se concentra en esa zona, envolviendo el tejido y las células con su energía sanadora. Mientras realiza esta visualización, puede sentir cómo el dolor o la incomodidad se disuelven lentamente, reemplazados por una sensación de alivio y de fuerza renovada. Este enfoque específico permite que la energía de Miguel actúe directamente en el área afectada, promoviendo una sanación más intensa y efectiva.

Otra técnica poderosa es la visualización de la llama azul sanadora de Miguel, un fuego suave pero intenso que actúa como una herramienta de purificación y de renovación física. Al visualizar esta llama, el buscador puede imaginar que cada célula de su cuerpo es tocada por su luz, que cada órgano se llena de vitalidad y que cualquier bloqueo o energía estancada es disuelto. Esta llama azul es una manifestación de la esencia sanadora de Miguel, una fuerza que transforma y revitaliza cada aspecto del ser. A medida que uno se sumerge en esta visualización, puede sentir que su cuerpo se renueva y se fortalece, como si cada rincón de su ser estuviera siendo restaurado por la energía divina.

Para fortalecer el proceso de sanación física, el buscador puede incorporar afirmaciones de bienestar y de vitalidad, palabras de poder que ayudan a programar la mente y el cuerpo para la recuperación y la salud. Algunas afirmaciones útiles pueden ser: "Mi cuerpo está en paz y en equilibrio," "Cada célula de mi ser está llena de salud y vitalidad," o "La luz de Miguel restaura mi salud y renueva mi fuerza." Al repetir estas afirmaciones con convicción, el buscador no solo fortalece su conexión con la energía de Miguel, sino que también crea un ambiente interno de sanación, una frecuencia que promueve el bienestar y la armonía en cada aspecto de su ser.

El contacto con la naturaleza también es un aliado importante en el proceso de restauración de la salud física. La naturaleza, con su energía equilibrada y sanadora, actúa como un canal a través del cual Miguel puede extender su luz y su paz al cuerpo del buscador. Pasar tiempo al aire libre, rodeado de plantas, agua y aire fresco, ayuda a liberar las tensiones y a recargar la vitalidad del cuerpo. Miguel, como protector de la paz y del equilibrio, encuentra en la naturaleza un medio para infundir su energía en el ser, promoviendo una sanación que se refleja tanto en el cuerpo como en el espíritu.

Al concluir cada práctica de sanación, es fundamental agradecer a Miguel por su presencia y por su energía sanadora. Este acto de gratitud no solo cierra la práctica, sino que también fortalece el vínculo con Miguel y permite al buscador anclar la experiencia de sanación en su cuerpo y en su conciencia. Agradecer es una manera de sellar el proceso, de afirmar que la energía de Miguel permanecerá en el cuerpo, restaurando y fortaleciendo cada célula y cada órgano, y de recordar que la sanación es un proceso continuo en el que Miguel está siempre presente.

La restauración de la salud física con la ayuda de Miguel es, en esencia, una experiencia de comunión y de renovación. Al abrirse a su luz, el buscador no solo encuentra alivio en el cuerpo, sino también una paz y una fortaleza que lo acompañan en cada momento. La sanación física, cuando se realiza en conexión con Miguel, es un proceso de restauración completa, una oportunidad para redescubrir la capacidad del cuerpo de renovarse y de sanar en un estado de paz y de amor. Miguel, en su infinita compasión, ofrece su luz como un regalo de sanación, una fuerza que no solo cura, sino que también transforma y eleva, permitiendo que el buscador viva en equilibrio y en armonía con su esencia divina.

Capítulo 17
Purificando Entornos

La purificación de entornos con la guía del Arcángel Miguel es un acto de renovación que busca limpiar los espacios donde habitamos, trabajamos y compartimos, liberándolos de energías densas o discordantes. Estos espacios, al ser purificados, se convierten en lugares sagrados donde la paz, la armonía y la luz pueden fluir libremente. Miguel, con su poderosa presencia de luz azul, actúa como un guardián de estos espacios, creando un ambiente en el que el espíritu puede descansar y prosperar. La purificación de entornos es un proceso esencial en la vida espiritual, ya que los espacios que nos rodean reflejan y afectan nuestro estado energético interno. Mantener estos lugares en paz y equilibrio es una manera de invitar la vibración divina a nuestra vida diaria.

Miguel, como protector y purificador, ofrece su energía para transformar cualquier lugar en un refugio de paz y claridad. Al invocar su ayuda en la purificación de entornos, el buscador abre un canal para que su energía disuelva las vibraciones negativas, las emociones densas y los pensamientos discordantes que puedan haberse acumulado en el espacio. La presencia de Miguel actúa como un limpiador y como un guardián, asegurando que el ambiente se mantenga en una frecuencia elevada y que cualquier sombra o energía baja se disipe. Este proceso no solo mejora la atmósfera del lugar, sino que también fortalece la conexión espiritual del buscador, permitiéndole vivir en armonía y sintiéndose protegido en su propio entorno.

Para iniciar la purificación de un entorno, es útil preparar el espacio y tener los elementos que ayudarán a enfocar la energía. Algunos encuentran que encender una vela azul o blanca representa la presencia de Miguel y su luz purificadora. Otros prefieren el uso de incienso o de hierbas sagradas, como la salvia, el romero o el palo santo, que ayudan a elevar la vibración del lugar. Estos elementos no solo representan la intención de limpiar, sino que también sirven como medios para anclar la energía de Miguel en el espacio. Con cada acto, el buscador reafirma su deseo de crear un ambiente de paz y de protección, donde la luz de Miguel pueda fluir libremente.

Al iniciar el proceso, el buscador puede realizar una invocación a Miguel, pidiéndole que traiga su luz y su paz al espacio. Esta invocación puede ser sencilla y sincera, como: "Arcángel Miguel, protector y guía, te invoco en este lugar. Llénalo de tu luz y disuelve cualquier energía discordante. Permite que este espacio sea un refugio de paz y de armonía, donde tu presencia proteja y bendiga cada rincón." Esta invocación es una señal de respeto y de intención, una invitación a que Miguel se manifieste en el entorno y lo transforme en un espacio sagrado.

Una vez realizada la invocación, el buscador puede comenzar a caminar por el lugar, moviéndose de una habitación a otra y visualizando que la luz azul de Miguel llena cada rincón. Esta luz se percibe como una energía suave pero poderosa que disuelve cualquier sombra y que armoniza la atmósfera. Al visualizar esta luz azul envolviendo cada espacio, el buscador puede imaginar que cualquier energía densa se disuelve al contacto con la luz, dejando en su lugar una sensación de paz y de claridad. Es útil moverse lentamente, permitiendo que cada área reciba la energía de Miguel y sintiendo cómo el ambiente cambia a medida que la luz lo purifica.

Para reforzar la limpieza, el buscador puede utilizar el humo del incienso o de las hierbas sagradas, dejándolo recorrer cada habitación y cada rincón. Al hacerlo, puede visualizar que el humo se convierte en un canal para la luz de Miguel, llevando su energía a todos los lugares y elevando la vibración del entorno. Esta práctica es una forma de simbolizar la purificación y de conectar el espacio con la frecuencia de Miguel, quien actúa como un protector y como un purificador de cualquier energía residual que pueda estar presente. El humo se convierte en una extensión de la luz de Miguel, un medio para hacer tangible su presencia en el lugar.

Otro método poderoso para purificar entornos es el uso de cristales, especialmente aquellos que se asocian con la energía de Miguel, como el lapislázuli, la amatista o la turmalina negra. Estos cristales pueden colocarse en puntos estratégicos del espacio, como las esquinas o cerca de las entradas, creando un campo de protección y de equilibrio. Los cristales, al ser programados con la intención de protección y de purificación, actúan como canales de la energía de Miguel, manteniendo el ambiente en una frecuencia elevada y asegurando que cualquier energía disonante se disipe. Estos cristales, cargados con la intención y la luz de Miguel, se convierten en guardianes silenc

Capítulo 18
Protección Espiritual Diaria

La protección espiritual diaria con la ayuda del Arcángel Miguel es una práctica continua de conexión y de amparo, en la que el buscador establece una barrera energética que lo resguarda de influencias negativas, manteniendo su paz y equilibrio. Miguel, con su vibración de luz azul, ofrece una protección constante que puede ser invocada cada día, formando un escudo que disuelve cualquier energía discordante antes de que afecte el bienestar interior del buscador. La protección espiritual no es solo un acto de defensa; es una manera de vivir en paz y en armonía, consciente de que, bajo la guía de Miguel, cada aspecto de la vida está rodeado por una luz que protege y eleva.

Establecer una protección diaria con Miguel es un compromiso de conexión y de cuidado propio, una disposición a vivir en sintonía con la paz y la serenidad que él inspira. Esta protección, al repetirse cada día, se convierte en un campo energético que se fortalece con el tiempo, adaptándose a las circunstancias y a las necesidades del buscador. Con cada acto de protección, Miguel ayuda a crear un ambiente interno de paz y seguridad, ofreciendo su energía como un refugio en el que el buscador puede caminar con confianza y seguridad, sin importar los desafíos externos.

Para iniciar la práctica de protección diaria, es útil establecer un momento del día para realizarla, preferiblemente en la mañana, antes de comenzar con las actividades cotidianas. Este momento de conexión con Miguel se convierte en una forma de preparar el espíritu y el cuerpo para el día, un espacio en el que el buscador recibe la luz de Miguel y se fortalece en su paz. Algunos encuentran que encender una vela azul o blanca durante esta práctica ayuda a simbolizar la presencia de Miguel y su protección, mientras que otros prefieren la simpleza de un momento de silencio y de concentración.

La práctica puede comenzar con una respiración profunda y consciente, una herramienta que ayuda a centrar la mente y a crear un estado de calma. Con cada inhalación, el buscador puede visualizar que está absorbiendo la luz de Miguel, una energía suave y poderosa que llena cada rincón de su ser. Con cada exhalación, puede imaginar que cualquier tensión o inquietud se disuelve y se libera. Esta respiración consciente permite que el buscador entre en un estado de serenidad, un espacio de apertura donde la energía de Miguel puede descender y rodearlo de su protección.

Una vez alcanzado este estado de calma, el buscador puede realizar una invocación para solicitar la protección de Miguel en su día. Esta invocación no necesita ser larga o elaborada; lo importante es que sea sincera y que se pronuncie con el corazón. Un ejemplo de invocación podría ser: "Arcángel Miguel, protector y guía, te invoco en este día. Cubre mi ser con tu luz y protégeme de cualquier energía que no esté en armonía con mi paz y mi bienestar. Que tu escudo me acompañe en cada paso y me mantenga en paz y en seguridad." Estas palabras no solo invitan a Miguel a formar una barrera protectora, sino que también refuerzan la intención de vivir en equilibrio y en paz.

Tras la invocación, el buscador puede visualizar un escudo de luz azul que rodea todo su cuerpo, formando una esfera protectora que actúa como una barrera contra cualquier energía negativa. Esta luz azul es una extensión de la esencia de Miguel, una vibración que se adapta y se fortalece en respuesta a las necesidades del día. Al visualizar este escudo, el buscador puede sentir cómo su cuerpo y su espíritu se llenan de una paz profunda, cómo una sensación de seguridad y de estabilidad lo envuelve, recordándole que Miguel lo protege en cada instante. Este escudo no solo repele las influencias externas; también ayuda a mantener el equilibrio interno, fortaleciendo la serenidad y el enfoque a lo largo del día.

Para reforzar esta visualización, el buscador puede imaginar que el escudo de luz azul se intensifica con cada respiración. Al inhalar, la luz se vuelve más brillante y más densa, y al exhalar, cualquier energía discordante se disuelve en la distancia. Este proceso de respiración consciente permite que el escudo se mantenga activo y que se fortalezca a lo largo del día, ajustándose a las situaciones y protegiendo al buscador en cada encuentro y en cada ambiente. Este escudo es una defensa viva, una protección que Miguel ofrece y que el buscador puede renovar y activar en cualquier momento de necesidad.

Además de la visualización del escudo, la repetición de afirmaciones de protección es una práctica efectiva para mantener la conexión con Miguel durante el día. Estas afirmaciones actúan como recordatorios de la presencia de Miguel y como anclas de seguridad y paz en momentos de desafío. Algunas afirmaciones útiles pueden ser: "Estoy rodeado por la luz protectora de Miguel," "Nada que no esté en armonía con mi paz puede afectarme," o "La presencia de Miguel me protege en todo momento." Al repetir estas palabras, el buscador refuerza su vínculo con Miguel y se mantiene en una frecuencia de confianza y de serenidad.

En momentos de vulnerabilidad o de exposición a situaciones intensas, el buscador puede renovar su protección con una breve visualización o una oración dirigida a Miguel. Basta con cerrar los ojos y visualizar que la luz azul de Miguel envuelve su cuerpo, intensificándose y creando un campo de protección aún más fuerte. Este acto de reconexión permite que la energía de Miguel se active de nuevo, creando una barrera de paz que disuelve cualquier energía negativa que pueda estar presente. Miguel, en su compasión y en su deseo de proteger, responde siempre a estos llamados, ofreciendo su escudo de luz y su paz en cada momento en que el buscador lo necesita.

Otra herramienta que fortalece la protección diaria es el contacto consciente con la naturaleza, un medio a través del cual la energía de Miguel puede manifestarse y renovarse en el cuerpo y en el espíritu del buscador. Pasar tiempo al aire libre, en contacto con la tierra, el agua o el sol, ayuda a descargar cualquier energía residual y a recargar la vitalidad. Miguel, como protector de la paz y del equilibrio, encuentra en la naturaleza un canal para infundir su energía en el ser, reforzando la conexión espiritual y fortaleciendo el campo de protección del buscador.

Al finalizar la práctica de protección, es importante agradecer a Miguel por su presencia y su protección. Este acto de gratitud no solo cierra el ciclo de conexión, sino que también reafirma el compromiso del buscador de vivir en armonía con la paz y la serenidad que Miguel inspira. Agradecer es una manera de sellar la protección, de anclar la energía de Miguel en el espíritu y de recordar que su luz permanece en el entorno y en el corazón, ofreciendo seguridad y paz en cada momento.

La protección espiritual diaria con la ayuda de Miguel se convierte en una experiencia de paz continua, una forma de caminar por la vida con la certeza de que la luz y la paz están siempre presentes. A medida que el buscador repite esta práctica, el vínculo con Miguel se fortalece y la protección se convierte en un estado natural, una barrera de serenidad que lo acompaña y lo sostiene en cada situación. Miguel, en su rol de protector, ofrece esta luz como un regalo de amor, una promesa de que cada paso está rodeado por su paz y su fuerza, y de que, bajo su amparo, el buscador puede vivir en plenitud y en armonía.

Capítulo 19
Superando Miedos con Miguel

Superar los miedos con la ayuda del Arcángel Miguel es una travesía hacia la liberación y el autoconocimiento. Miguel, conocido por su rol como protector y guerrero de la luz, ofrece su energía poderosa para disolver los temores que limitan y debilitan el espíritu. Su presencia no solo otorga protección, sino que también actúa como una guía y una inspiración para enfrentar los desafíos internos que el miedo representa. Con Miguel como aliado, el buscador encuentra el valor para mirar dentro de sí mismo, entender la raíz de sus temores y transformarlos en una fuente de fortaleza y de confianza.

El miedo es una emoción natural que surge como respuesta a lo desconocido o a situaciones que representan un riesgo percibido. Sin embargo, cuando el miedo se convierte en una barrera que impide el crecimiento, se transforma en una carga que limita la vida. Miguel, con su energía de luz azul intensa y protectora, ayuda a disolver estos miedos, no suprimiéndolos, sino otorgando la claridad y el valor necesarios para enfrentarlos y superarlos. Con su guía, el buscador aprende que el verdadero coraje no es la ausencia de miedo, sino la capacidad de actuar a pesar de él, de avanzar confiando en la luz y en la fuerza interna que Miguel inspira.

Para comenzar el proceso de liberación de miedos, es esencial crear un espacio tranquilo, un lugar donde el buscador pueda abrirse a la energía de Miguel sin distracciones. Este espacio, que se convierte en un refugio seguro, permite que el buscador se conecte profundamente con su interior y se prepare para enfrentar sus temores con la ayuda de Miguel. Algunos encuentran que encender una vela azul o blanca representa la luz de Miguel y actúa como un símbolo de su presencia, mientras que otros prefieren simplemente sentarse en silencio, en un lugar donde se sientan seguros y en paz.

El proceso puede iniciarse con una respiración profunda y consciente, que ayuda a relajar el cuerpo y la mente. Al inhalar, el buscador puede imaginar que está absorbiendo la luz de Miguel, una energía cálida y protectora que llena cada rincón de su ser. Al exhalar, puede visualizar que cualquier tensión o miedo comienza a disolverse, como si se liberara en cada respiración. Este acto de respiración consciente permite que el buscador entre en un estado de calma y de receptividad, creando un espacio en el que la energía de Miguel puede comenzar a actuar, trayendo claridad y fuerza.

Una vez en este estado de calma, el buscador puede realizar una invocación para solicitar la ayuda de Miguel en el proceso de liberación de miedos. Esta invocación puede expresarse desde el corazón, en palabras sinceras como: "Arcángel Miguel, protector y guía, te invoco en este momento. Abro mi ser a tu luz y pido tu ayuda para liberar los miedos que me limitan. Permíteme enfrentar mis temores con tu fuerza y con tu paz, y guíame en este proceso de transformación." Estas palabras son una señal de entrega y de confianza en que Miguel brindará la fortaleza necesaria para enfrentar y disolver cualquier sombra de miedo.

Al recibir la presencia de Miguel, el buscador puede visualizar una luz azul intensa que desciende y lo rodea, formando un escudo protector que lo envuelve con paz y confianza. Esta luz se convierte en un manto de seguridad, una energía que infunde una sensación de calma y de poder. A medida que uno se sumerge en esta visualización, puede sentir cómo Miguel está junto a él, brindándole la fortaleza para mirar sus miedos desde una perspectiva de compasión y de entendimiento, sin juicios ni críticas. Este espacio de paz que Miguel crea permite que el buscador explore sus temores desde una distancia segura, observándolos sin dejarse consumir por ellos.

Una técnica efectiva para trabajar con los miedos es identificarlos y traerlos a la luz de Miguel. El buscador puede concentrarse en un miedo específico que desee superar, permitiendo que surja sin resistencias. Al enfocarse en este temor, el buscador puede visualizar que lo coloca en las manos de Miguel, confiando en que su energía lo transformará. Esta visualización es un acto de entrega, una forma de liberar la carga del miedo y de permitir que Miguel disuelva las sombras con su luz. A medida que el buscador visualiza este acto de entrega, puede sentir cómo el peso del miedo se aligera y cómo una paz profunda comienza a llenar su ser.

Para quienes enfrentan temores profundamente arraigados, la práctica de la llama azul es una herramienta poderosa de transmutación. En esta práctica, el buscador puede visualizar una llama azul en el centro de su pecho, una luz que representa la esencia purificadora y transformadora de Miguel. Al concentrarse en esta llama, el buscador puede imaginar que cada miedo, cada pensamiento de inseguridad o duda, es absorbido por la luz de la llama y transformado en paz. Esta llama actúa como un fuego espiritual que disuelve cualquier energía de temor, permitiendo que el buscador se sienta fortalecido y en paz.

Otra herramienta que complementa el trabajo de liberación de miedos es la repetición de afirmaciones de valor y confianza, palabras de poder que ayudan a reprogramar la mente y a reforzar la conexión con Miguel. Algunas afirmaciones útiles incluyen: "Soy fuerte y valiente," "La luz de Miguel disuelve todos mis miedos," o "Confío en mi capacidad para superar cualquier desafío." Al repetir estas afirmaciones, el buscador crea una frecuencia de confianza y de fuerza interior, recordándose a sí mismo que, con Miguel a su lado, puede enfrentar cualquier miedo y superarlo con paz y determinación.

En los momentos del día en que surjan pensamientos o sensaciones de miedo, el buscador puede invocar de nuevo la presencia de Miguel con una breve visualización o una oración.

Basta con cerrar los ojos y visualizar que la luz azul de Miguel rodea el cuerpo, creando un escudo que repele cualquier pensamiento de temor. Esta visualización refuerza el vínculo con Miguel y disuelve los miedos antes de que se conviertan en una carga. Miguel, en su compasión y en su deseo de proteger, responde a estos llamados, ofreciendo su luz como un refugio y recordando al buscador que está siempre a su lado.

El contacto con la naturaleza también es una manera poderosa de superar los miedos y de renovar la fortaleza interna. La energía de la naturaleza, en su calma y equilibrio, ayuda a liberar las tensiones y a recargar el espíritu. Miguel, como guardián de la paz, encuentra en la naturaleza un canal para infundir su luz en el buscador, ayudándolo a renovar su confianza y a enfrentar el mundo con una mente y un corazón en paz. Al pasar tiempo al aire libre, el buscador puede sentir cómo la energía de Miguel se refuerza, recordándole que siempre hay un refugio en la paz y en la serenidad de la naturaleza.

Al concluir cada práctica de liberación de miedos, es importante agradecer a Miguel por su presencia y por su apoyo. Este acto de gratitud no solo refuerza la conexión con Miguel, sino que también permite al buscador anclar la experiencia de liberación y recordar que el valor y la paz están siempre al alcance. Agradecer es una forma de cerrar el ciclo de sanación, de afirmar que la energía de Miguel permanece en el espíritu, ofreciendo su fortaleza y su protección en cada desafío que el buscador enfrente.

Superar los miedos con la ayuda de Miguel es, en última instancia, un acto de autoliberación, una oportunidad de redescubrir la capacidad del espíritu humano de trascender cualquier limitación. Con cada práctica, el buscador renueva su conexión con Miguel y descubre en sí mismo una fortaleza y una paz que lo acompañan en cada paso. Miguel, en su rol de protector y guía, ofrece su luz como un recordatorio de que el verdadero poder reside en el interior, y que, con su ayuda, el buscador puede vivir libre de miedos, confiando en su capacidad para enfrentar cualquier desafío con serenidad y con amor.

Capítulo 20
Liberándose de Hábitos Nocivos

Liberarse de hábitos nocivos con la ayuda del Arcángel Miguel es un proceso de transformación profunda en el que el buscador disuelve patrones de conducta que limitan su crecimiento y su paz interior. Miguel, con su luz sanadora y su espada de discernimiento, ofrece su guía y su fuerza para cortar los lazos que mantienen al buscador atado a comportamientos que ya no le sirven. Este proceso no se trata únicamente de renunciar a ciertos actos o rutinas, sino de reemplazarlos por una vida más consciente, llena de propósito y en armonía con los valores espirituales más elevados. Con Miguel como aliado, el buscador encuentra en su luz la fortaleza necesaria para romper ciclos de dependencia y avanzar hacia una existencia libre y plena.

Los hábitos nocivos pueden adoptar muchas formas: patrones de pensamiento negativos, adicciones físicas o emocionales, conductas repetitivas que drenan la energía o decisiones que generan insatisfacción. Estos hábitos suelen ser difíciles de abandonar, ya que están arraigados en la mente y en las emociones, creando una sensación de dependencia o de apego. Miguel, en su rol de protector y de sanador, brinda al buscador la claridad y la fuerza necesarias para identificar estos patrones y para liberarse de ellos con determinación y paz. Su presencia actúa como un ancla, un faro de luz que guía cada paso en este camino de auto-transformación.

Para comenzar el proceso de liberación, es esencial que el buscador esté dispuesto a observar sus hábitos con sinceridad y sin juzgarse. Este primer paso es un acto de auto-reconocimiento y de aceptación, una disposición a mirar el interior y a identificar los comportamientos que obstaculizan su paz. Crear un espacio tranquilo para esta práctica es útil, ya que permite que el buscador se centre y se sumerja en el proceso con calma. Algunos prefieren encender una vela azul, símbolo de la presencia de Miguel, o rodearse de objetos que refuercen la conexión con él, como cristales o imágenes que inspiren paz y fortaleza.

Al iniciar la práctica, el buscador puede comenzar con una respiración profunda y consciente, una herramienta que le ayuda a relajarse y a preparar el cuerpo y la mente. Con cada inhalación, puede imaginar que está absorbiendo la luz de Miguel, una energía purificadora que lo llena de paz. Con cada exhalación, puede visualizar que cualquier carga o tensión relacionada con el hábito nocivo comienza a disolverse. Este acto de respiración consciente ayuda a crear un estado de calma y de receptividad, un espacio en el que la energía de Miguel puede comenzar a trabajar, disolviendo las ataduras y fortaleciendo la voluntad del buscador.

Una vez en un estado de calma, el buscador puede realizar una invocación para solicitar la asistencia de Miguel en el proceso de liberación. Esta invocación puede expresarse de manera sencilla y sincera, como: "Arcángel Miguel, protector y guía, te invoco en este momento. Abro mi ser a tu luz y pido tu ayuda para liberarme de los hábitos que limitan mi paz y mi bienestar. Con tu espada, corta los lazos que me atan y dame la fortaleza para caminar hacia una vida libre y plena." Estas palabras son una señal de entrega y de confianza en que Miguel brindará la claridad y la energía necesarias para superar el apego a los hábitos nocivos.

Con la presencia de Miguel, el buscador puede comenzar a visualizar aquellos hábitos de los que desea liberarse. Puede imaginarlos como lazos o cadenas que lo mantienen atado, símbolos de los patrones de conducta que limitan su crecimiento. Al visualizar estos lazos, el buscador puede pedirle a Miguel que use su espada de luz para cortarlos, liberando al buscador de las ataduras que lo mantienen en estos ciclos. Este acto de visualización es un acto de liberación consciente, un proceso en el que Miguel disuelve cada atadura, permitiendo que el buscador se sienta más ligero, más libre y más en paz consigo mismo.

Para aquellos que enfrentan una dependencia o adicción fuerte, la práctica de la llama azul es una herramienta de transmutación que ayuda a transformar el deseo o la necesidad en paz y claridad. En esta práctica, el buscador puede visualizar una llama azul en el centro de su pecho, una luz que representa la esencia purificadora de Miguel. Al concentrarse en esta llama, el buscador puede imaginar que cada impulso o deseo relacionado con el hábito nocivo es absorbido por la luz y transformado en serenidad. Esta llama azul es un símbolo de la fortaleza y de la claridad que Miguel inspira, un recordatorio de que el poder para liberarse reside en el interior, en la conexión con su luz.

Otra técnica valiosa para reforzar el proceso de liberación es la repetición de afirmaciones de libertad y de autocontrol. Estas afirmaciones, pronunciadas con intención y confianza, ayudan a reprogramar la mente y a fortalecer la voluntad del buscador. Algunas afirmaciones útiles pueden ser: "Estoy en control de mis acciones y mis decisiones," "La luz de Miguel disuelve cualquier dependencia en mi vida," o "Soy libre y fuerte." Estas palabras actúan como anclas de seguridad y de confianza, recordando al buscador su capacidad para tomar decisiones conscientes y para vivir en armonía con su propósito.

El contacto con la naturaleza es otra forma de recibir apoyo en el proceso de liberación. Pasar tiempo al aire libre, en un entorno natural, ayuda a descargar cualquier energía residual y a recargar la vitalidad. Miguel, como guardián de la paz y del equilibrio, encuentra en la naturaleza un canal para fortalecer al buscador, recordándole su capacidad para vivir en armonía y para encontrar paz sin necesidad de recurrir a hábitos nocivos. Al caminar entre los árboles, al sentir el viento o al escuchar el agua, el buscador se reconecta con su esencia, renovando su intención de vivir en libertad y de cuidar de su bienestar.

En momentos en que el impulso hacia el hábito reaparece, el buscador puede invocar nuevamente la presencia de Miguel con una breve visualización o una oración. Visualizar la luz azul de Miguel que rodea su cuerpo o sentir su espada de luz cortando los lazos de dependencia permite que el buscador refuerce su intención de mantenerse libre. Esta práctica de reconexión ayuda a recordar que Miguel está siempre presente, brindando su apoyo y su fuerza en cada momento de desafío.

Al concluir cada práctica de liberación, es fundamental agradecer a Miguel por su presencia y su guía. Este acto de gratitud no solo refuerza la conexión con el arcángel, sino que también permite al buscador anclar su intención de cambio en el corazón, recordando que la luz y la fortaleza de Miguel están siempre a su alcance. Agradecer es una manera de afirmar el compromiso de vivir en libertad, de mantener una conexión constante con la energía de Miguel y de recordar que, en cada paso, él está presente como un guía y un guardián.

Liberarse de hábitos nocivos con la ayuda de Miguel es, en esencia, un proceso de auto-descubrimiento y de auto-amor. Con cada práctica, el buscador redescubre su fortaleza y su capacidad de tomar decisiones en armonía con su bienestar. Miguel, en su rol de protector, actúa como un compañero en este camino de transformación, ofreciendo su luz y su sabiduría para que el buscador pueda liberarse de cualquier cadena que lo limite. En su presencia, el buscador encuentra no solo la fuerza para superar sus hábitos, sino también la inspiración para vivir en paz, en libertad y en coherencia con su esencia más pura.

Capítulo 21
Manifestando Objetivos con Éxito

La manifestación de objetivos con la ayuda del Arcángel Miguel es una práctica que une la intención personal con la guía y protección de un ser de luz que vela por el crecimiento y la realización plena de aquellos que lo invocan. Miguel, en su rol de guardián y guía, ofrece su energía para que los propósitos más profundos de la vida encuentren un camino claro hacia su materialización. Su presencia ayuda a despejar los bloqueos que a menudo impiden la realización de deseos y metas, brindando claridad, confianza y el impulso necesario para manifestar los objetivos con éxito.

La manifestación es un acto de creación consciente. Cuando se manifiesta con la ayuda de Miguel, la intención se eleva a una frecuencia de paz y de pureza que permite que los deseos tomen forma en armonía con el bien superior del buscador y de su entorno. Miguel actúa como un intermediario que no solo protege, sino que también otorga discernimiento, asegurando que los objetivos se alineen con el propósito del alma y con el plan divino. A través de esta conexión con Miguel, el buscador aprende a manifestar desde una conciencia clara y elevada, donde cada intención está impregnada de amor, claridad y sabiduría.

Para comenzar el proceso de manifestación, es fundamental que el buscador elija un espacio tranquilo, donde pueda concentrarse sin distracciones. Este espacio puede prepararse de manera sencilla, quizás con una vela azul o blanca como símbolo de la luz de Miguel, o con algún objeto que represente el objetivo que desea manifestar. Este entorno se convierte en un lugar sagrado, un reflejo de la intención del buscador de crear y atraer sus deseos en un estado de paz y de armonía. La intención es que el espacio refleje la claridad y el propósito, permitiendo que la energía de Miguel fluya libremente hacia el objetivo.

El primer paso en la manifestación es definir con claridad el objetivo, para lo cual es útil dedicar un momento a reflexionar profundamente sobre el deseo y su propósito. Miguel, en su rol de guía, ayuda a discernir la esencia de lo que el buscador realmente necesita y desea. Este acto de claridad permite que el objetivo se purifique, asegurando que esté en sintonía con los valores y el bienestar del buscador. Al hacerlo, el buscador puede escribir su objetivo en papel o simplemente visualizarlo con detalle, dejando que la energía de Miguel lo rodee y lo impregne de luz.

Con el objetivo claro en mente, el buscador puede proceder a realizar una invocación, solicitando la ayuda de Miguel en el proceso de manifestación. La invocación puede expresarse de forma simple, en palabras sinceras como: "Arcángel Miguel, protector y guía, te invoco en este momento para que ilumines mi camino y me ayudes a manifestar este objetivo. Que tu luz despeje cualquier obstáculo y que tu sabiduría guíe cada paso en este proceso de creación. Con tu ayuda, confío en que mi deseo se manifestará en armonía con el bien mayor." Esta invocación es un acto de entrega y de fe, un reconocimiento de que Miguel está presente para guiar y para proteger en cada paso hacia la manifestación.

Después de la invocación, el buscador puede visualizar el objetivo en su mente, imaginando que Miguel está junto a él, sosteniendo el deseo y rodeándolo de luz azul. Esta luz no solo protege el deseo de cualquier interferencia, sino que también lo eleva y lo purifica, asegurando que su manifestación sea clara y en equilibrio. Al visualizar el objetivo rodeado de la luz de Miguel, el buscador puede imaginar que ya ha alcanzado su propósito, que el objetivo se ha cumplido y que la paz y la gratitud llenan su ser. Este acto de visualización permite que el deseo tome forma en la mente y en el espíritu, haciendo tangible el objetivo antes de que se manifieste en el mundo físico.

Para reforzar la manifestación, el buscador puede emplear afirmaciones de creación y de éxito. Estas afirmaciones actúan como anclas de intención, recordando al buscador su capacidad de crear y de atraer sus objetivos con la ayuda de Miguel. Algunas afirmaciones útiles pueden ser: "Mi objetivo se manifiesta en armonía con mi bien mayor," "La luz de Miguel guía mi camino hacia la realización de mis deseos," o "Confío en el proceso de creación y en la ayuda de Miguel para alcanzar mis metas." Al repetir estas afirmaciones, el buscador fortalece su intención y mantiene su energía enfocada en el objetivo, asegurando que la manifestación continúe con claridad y determinación.

Durante el proceso de manifestación, es natural que surjan obstáculos o dudas. En estos momentos, el buscador puede invocar nuevamente la presencia de Miguel, pidiéndole que despeje cualquier bloqueo y que lo llene de confianza y de fortaleza. Visualizar que Miguel sostiene su espada de luz y corta cualquier energía de duda o de confusión permite que el buscador recupere su enfoque y su claridad. Este acto de reconexión refuerza la presencia de Miguel y recuerda al buscador que él está siempre disponible para guiar y para proteger, especialmente cuando el camino hacia la manifestación parece incierto.

El contacto con la naturaleza también es un recurso valioso en el proceso de manifestación. La energía de la naturaleza, en su pureza y equilibrio, ayuda a elevar la vibración del buscador y a alinear su intención con el flujo natural de creación. Miguel, como guardián del equilibrio, se manifiesta en la naturaleza como una fuente de inspiración y de paz, ayudando al buscador a mantener la calma y la confianza en el proceso de manifestación. Al pasar tiempo en la naturaleza, el buscador se sintoniza con la energía de crecimiento y de expansión, renovando su intención y reforzando la conexión con Miguel.

Al concluir la práctica de manifestación, es esencial expresar gratitud hacia Miguel por su presencia y su apoyo en el proceso. La gratitud no solo fortalece la relación con Miguel, sino que también actúa como un cierre energético, afirmando que el objetivo está en proceso de realización y que el buscador confía plenamente en el desenlace. Agradecer es una forma de liberar el deseo, de entregarlo al universo y de permitir que la energía de Miguel siga guiando el proceso sin interferencias de la mente o del ego. Este acto de gratitud es un recordatorio de que la manifestación es una colaboración entre el buscador, Miguel y el universo.

Manifestar con éxito los objetivos con la ayuda de Miguel es, en última instancia, un proceso de co-creación, una alianza entre la intención humana y la sabiduría divina. Con cada práctica, el buscador descubre que la verdadera manifestación no es solo la realización de deseos, sino la creación de una vida en armonía con su propósito y con el amor que Miguel inspira. Miguel, en su rol de guía y protector, ofrece su luz como un canal de creación, permitiendo que los deseos más puros y elevados encuentren un camino hacia la realidad. En su presencia, el buscador no solo alcanza sus metas, sino que también aprende a vivir en sintonía con el poder de la creación consciente y en paz con el propósito de su alma.

Capítulo 22
Cultivando la Paz Interior

Cultivar la paz interior con la ayuda del Arcángel Miguel es un camino hacia el centro del ser, un proceso de transformación que disuelve las inquietudes, ansiedades y tensiones acumuladas en el alma. Miguel, en su esencia de protector y guía, ofrece su luz azul como un manto de serenidad que rodea y calma el espíritu, permitiendo que el buscador viva en un estado de equilibrio y tranquilidad duradera. Su presencia no solo otorga protección contra influencias externas, sino que también inspira una paz profunda y estable que surge del interior y que permanece incluso en momentos de desafío.

La paz interior es una cualidad esencial para la vida espiritual y para el bienestar en cada aspecto de la existencia. Cuando el buscador se alinea con la paz que Miguel inspira, se vuelve capaz de enfrentar cualquier situación desde la serenidad, sin dejarse perturbar por las circunstancias externas. Miguel, como guardián de la paz, actúa como un guía que ilumina el camino hacia un estado de calma que no depende de lo externo, sino que se manifiesta desde la conexión con lo sagrado. Con su ayuda, el buscador aprende a reconocer y a cultivar la paz en su corazón, construyendo una fortaleza interna que lo sostiene y lo protege.

Para comenzar a cultivar la paz interior, es fundamental que el buscador cree un espacio tranquilo, un lugar que refleje la calma que desea cultivar en su espíritu. Este espacio puede prepararse con elementos que simbolicen la presencia de Miguel, como una vela azul o blanca o algún objeto que inspire paz. Este entorno no es solo un lugar físico, sino un reflejo de la intención de sumergirse en un estado de serenidad, donde la energía de Miguel puede manifestarse con claridad y llenar el ambiente de su luz pacificadora.

El proceso puede iniciarse con una respiración consciente y profunda, que ayuda al buscador a centrarse y a liberar cualquier tensión. Con cada inhalación, puede imaginar que está absorbiendo la luz de Miguel, una energía suave que calma el cuerpo y la mente. Con cada exhalación, puede visualizar que cualquier pensamiento o preocupación se disuelve, dejando espacio para la paz. Esta respiración consciente actúa como un puente hacia el interior, permitiendo que el buscador entre en un estado de quietud y que la paz de Miguel lo envuelva con su energía protectora.

Una vez alcanzado este estado de calma, el buscador puede realizar una invocación para solicitar la asistencia de Miguel en el proceso de cultivar la paz. La invocación puede expresarse de manera simple y sincera, en palabras que surjan del corazón, como: "Arcángel Miguel, protector y guía, te invoco en este momento. Llena mi ser con tu paz y permite que mi espíritu se calme en tu luz. Guíame hacia un estado de serenidad que me permita vivir en equilibrio y en armonía, sin importar las circunstancias." Esta invocación es una señal de apertura, una disposición a recibir la energía de Miguel y a permitir que su paz inspire y transforme el interior del buscador.

Para profundizar en esta conexión, el buscador puede visualizar una luz azul que desciende desde lo alto y que lo envuelve, penetrando en cada célula, en cada pensamiento y en cada emoción. Esta luz representa la paz de Miguel, una energía que disuelve cualquier rastro de tensión o de inquietud. Al visualizar esta luz, el buscador puede sentir cómo una calma profunda comienza a llenar su ser, creando una sensación de tranquilidad que surge desde el centro y que se expande hacia el exterior. Esta paz es una manifestación de la presencia de Miguel, un reflejo de su esencia protectora que armoniza y calma el espíritu.

Para quienes buscan reforzar la paz interior, la práctica de la llama azul es una herramienta poderosa de transmutación y de serenidad. En esta práctica, el buscador puede visualizar una llama azul en el centro de su pecho, una luz que representa la esencia sanadora de Miguel. Al concentrarse en esta llama, el buscador puede imaginar que cualquier pensamiento o emoción perturbadora es absorbido y transformado en paz. Esta llama actúa como un fuego espiritual que disuelve las sombras y que permite que el buscador se sumerja en un estado de calma profunda, un refugio de paz que se convierte en el centro de su ser.

La repetición de afirmaciones es otra técnica que ayuda a cultivar la paz interior y a mantener la conexión con Miguel. Estas afirmaciones, pronunciadas con intención y con sinceridad, refuerzan la disposición del buscador de vivir en serenidad y en equilibrio. Algunas afirmaciones útiles pueden ser: "La paz de Miguel llena mi ser y me protege," "Mi espíritu está en paz y en equilibrio," o "Vivo en un estado de serenidad, rodeado por la luz de Miguel." Al repetir estas afirmaciones, el buscador crea una frecuencia de calma y de estabilidad que impregna cada aspecto de su vida, recordándole su capacidad de vivir en paz.

El contacto con la naturaleza es también una práctica que favorece el cultivo de la paz interior. La naturaleza, en su pureza y armonía, actúa como un canal a través del cual Miguel puede extender su luz y su serenidad al buscador. Al caminar al aire libre, al observar el movimiento de los árboles o al escuchar el sonido del agua, el buscador se sumerge en un ambiente de paz que lo reconecta con su esencia. Miguel, como protector del equilibrio, encuentra en la naturaleza un medio para infundir su paz en el buscador, ayudándolo a mantener la calma y a renovar su serenidad.

Durante el día, en momentos en que la paz se vea amenazada por situaciones o pensamientos, el buscador puede invocar nuevamente la presencia de Miguel con una breve visualización o una oración. Basta con cerrar los ojos y visualizar que la luz azul de Miguel rodea el cuerpo, creando un escudo de paz que repele cualquier perturbación. Este acto de reconexión permite que la energía de Miguel se active de nuevo, recordando al buscador que su paz no depende de las circunstancias externas, sino de su relación con el centro de su ser.

Al concluir cada práctica de paz, es importante expresar gratitud a Miguel por su presencia y su apoyo. Este acto de gratitud refuerza la conexión con el arcángel y permite al buscador anclar la experiencia de paz en su corazón, recordando que siempre puede contar con la luz de Miguel. Agradecer es una manera de afirmar el compromiso de vivir en serenidad y de sellar la paz recibida en el espíritu, una paz que permanece y que protege en cada instante.

Cultivar la paz interior con la ayuda de Miguel es, en última instancia, un camino hacia la libertad y la fortaleza. Con cada práctica, el buscador descubre que la verdadera paz no es solo un estado de calma, sino una relación estable y profunda con el propio espíritu, una armonía que Miguel inspira y sostiene. Miguel, en su rol de guardián, ofrece su paz como un regalo y como una protección, permitiendo que el buscador viva en equilibrio y en serenidad, sin importar las tempestades del mundo exterior. En su presencia, el buscador encuentra no solo la calma, sino también el poder para ser un canal de paz en el mundo, reflejando la luz y la armonía que Miguel infunde en su ser.

Capítulo 23
Conexión con la Jerarquía Angélica

La conexión con la jerarquía angélica, guiada por el Arcángel Miguel, es una puerta hacia un universo de luz y sabiduría donde los seres celestiales actúan como guías y protectores de la humanidad. Miguel, como líder de los ejércitos celestiales, ofrece su apoyo y su luz para establecer un vínculo con esta red de energía divina compuesta por otros arcángeles y ángeles, cada uno de los cuales posee su propia misión y sus atributos específicos. Al conectar con esta jerarquía, el buscador no solo fortalece su relación con Miguel, sino que también se abre a recibir la guía y el amparo de seres de luz que están dedicados al bienestar y al crecimiento espiritual de los seres humanos.

La jerarquía angélica es un sistema de protección y de amor que se extiende desde los niveles más altos de conciencia hasta el mundo físico, y cada ángel en esta red cumple un rol único en el equilibrio y la armonía del universo. Miguel, con su luz poderosa y protectora, actúa como puente entre el buscador y los seres angélicos, permitiéndole sintonizar con sus energías y recibir su guía en momentos de necesidad. Esta conexión se convierte en una fuente de paz y de fortaleza, un recordatorio constante de que la presencia divina se manifiesta en cada aspecto de la vida y que el buscador nunca está solo en su camino espiritual.

Para iniciar esta conexión, es fundamental que el buscador prepare un espacio de paz y de quietud, un lugar donde pueda concentrarse y establecer una apertura consciente hacia la presencia de los ángeles. Este espacio, decorado quizás con una vela azul o blanca en honor a Miguel, se convierte en un santuario sagrado donde la energía de la jerarquía angélica puede descender y rodear al buscador. Al crear este ambiente, el buscador establece una intención clara de entrar en contacto con la luz divina, de abrirse a la sabiduría de los ángeles y de recibir su amor y su guía.

El proceso de conexión comienza con una respiración consciente y profunda que ayuda a calmar la mente y el cuerpo, preparando al buscador para entrar en un estado de receptividad. Con cada inhalación, puede visualizar que está absorbiendo la luz de Miguel, una energía suave y protectora que rodea y calma su espíritu. Con cada exhalación, puede imaginar que cualquier tensión o distracción se disuelve, dejando un espacio claro y abierto donde los ángeles pueden manifestarse. Esta respiración consciente actúa como un puente hacia la jerarquía angélica, permitiendo que el buscador entre en sintonía con las energías superiores de paz y de amor.

Una vez alcanzado este estado de calma, el buscador puede realizar una invocación para solicitar la guía de Miguel y de la jerarquía angélica. Esta invocación puede expresarse con palabras sinceras y simples, como: "Arcángel Miguel, protector y guía, te invoco en este momento. Abro mi corazón y mi espíritu a tu presencia y a la de la jerarquía angélica. Permite que los ángeles me rodeen y me guíen en mi camino, otorgándome su sabiduría, su amor y su protección." Estas palabras son una señal de apertura, una disposición a recibir la energía de los ángeles y a permitir que sus mensajes lleguen con claridad al corazón y al espíritu del buscador.

Para profundizar en la conexión, el buscador puede visualizar una columna de luz azul y dorada que desciende desde lo alto, envolviéndolo y creando un campo de energía donde la presencia de los ángeles se hace palpable. Esta luz, que representa la esencia de Miguel y de la jerarquía angélica, es una energía sanadora y protectora que penetra en cada rincón del ser, infundiendo paz y serenidad. A medida que el buscador se sumerge en esta visualización, puede sentir cómo la luz y la presencia de los ángeles lo rodean, creando un ambiente de amor y de apoyo que lo conecta con el plano divino.

Una técnica útil para sintonizar con la jerarquía angélica es concentrarse en cada uno de los principales arcángeles que forman parte de esta red celestial, invitando a cada uno a manifestar su energía y su sabiduría. Por ejemplo, el buscador puede llamar a Gabriel, el mensajero divino, para recibir claridad y entendimiento en momentos de confusión; a Rafael, el sanador celestial, para obtener apoyo en la salud y en la armonía; y a Uriel, el portador de la luz, para fortalecer su discernimiento y su paz interior. Cada arcángel responde a un aspecto específico del crecimiento espiritual, y Miguel, en su rol de protector, facilita la conexión con cada uno, actuando como guía en el proceso de sintonización.

Para fortalecer esta conexión, el buscador puede realizar afirmaciones que reafirmen su intención de recibir la guía y el amor de la jerarquía angélica. Estas afirmaciones, pronunciadas en voz alta o en silencio, son una forma de anclar la intención en el espíritu y de abrirse con mayor receptividad a la energía de los ángeles. Algunas afirmaciones útiles pueden ser: "La jerarquía angélica me rodea y me guía," "Estoy en paz y en armonía con la energía de los ángeles," o "Confío en la protección y en la sabiduría que los ángeles me otorgan." Al repetir estas palabras, el buscador refuerza su conexión y permite que la energía angélica fluya con mayor claridad.

El contacto con la naturaleza es también un recurso valioso para fortalecer la conexión con la jerarquía angélica. La naturaleza, en su equilibrio y pureza, es un reflejo de la paz y del amor divinos, y pasar tiempo al aire libre permite que el buscador sintonice con la vibración de los ángeles de manera natural. Al observar el cielo, al caminar entre los árboles o al sentir el viento, el buscador se abre a recibir la presencia de los ángeles, quienes encuentran en la naturaleza un canal a través del cual se comunican y extienden su paz. Miguel, como guardián de la creación, facilita esta conexión, recordando al buscador que la presencia de los ángeles está siempre cerca, especialmente en la serenidad del mundo natural.

Durante el día, en momentos de desafío o de duda, el buscador puede invocar de nuevo la presencia de la jerarquía angélica con una breve visualización o una oración dirigida a Miguel y a los ángeles. Visualizar que la luz azul de Miguel y la energía dorada de los ángeles lo rodean permite que el buscador se reconecte con el plano divino, recibiendo el apoyo y la protección que necesita. Este acto de reconexión ayuda a recordar que los ángeles están presentes en cada momento y que su amor y su guía se encuentran siempre al alcance del corazón.

Al finalizar cada práctica de conexión, es importante expresar gratitud hacia Miguel y hacia la jerarquía angélica por su guía y su protección. Este acto de gratitud no solo fortalece la relación con los ángeles, sino que también ancla la experiencia en el espíritu, recordándole al buscador que la conexión con el mundo angélico es un don continuo. Agradecer es una forma de cerrar el espacio sagrado y de afirmar que la presencia de los ángeles permanece en el entorno y en el corazón, brindando paz y claridad en cada instante de la vida.

La conexión con la jerarquía angélica es, en última instancia, un camino de expansión y de amor incondicional. Con cada práctica, el buscador descubre que los ángeles no solo son guías externos, sino también aliados en el crecimiento espiritual, reflejos de la luz y del amor divinos que existen en su propio ser. Miguel, en su rol de líder y protector, ofrece su luz como un puente hacia la jerarquía angélica, permitiendo que el buscador se sumerja en la paz y en la sabiduría de los ángeles. En su presencia, el buscador encuentra no solo guía y protección, sino también un recordatorio constante de que, en el universo, cada ser está rodeado por un amor infinito y por una luz que lo acompaña y lo sostiene en cada paso del camino espiritual.

Capítulo 24
Ritual de Consagración a Miguel

El ritual de consagración al Arcángel Miguel es un acto sagrado de compromiso y de entrega, una ceremonia en la que el buscador se dedica por completo al camino de la luz, abriendo su vida y su corazón a la misión de servir y honrar la energía de Miguel. Esta consagración es una promesa de caminar en armonía con la paz, la verdad y la protección que Miguel inspira, convirtiendo cada pensamiento y cada acción en una manifestación de su amor y de su propósito. Al consagrarse a Miguel, el buscador se compromete a vivir en sintonía con los valores espirituales más elevados, aceptando la guía de Miguel y permitiendo que su presencia inspire y transforme cada aspecto de su vida.

La consagración a Miguel es un ritual de renovación y de transformación en el que el buscador afirma su intención de servir a la luz y de convertirse en un canal de paz y de protección en el mundo. Este ritual es una oportunidad de profundizar en la conexión con Miguel, de recibir su bendición y de sellar una alianza que eleva el espíritu y fortifica la voluntad de vivir en coherencia con los principios divinos. Miguel, como líder y protector, acoge con amor a quienes se consagran a su misión, brindándoles la fortaleza, la claridad y la paz necesarias para avanzar en su camino espiritual.

Para realizar el ritual de consagración, es esencial preparar un espacio sagrado, un entorno que inspire paz y que permita al buscador concentrarse en su intención. Este espacio puede decorarse con símbolos que representen a Miguel, como una vela azul o blanca, una espada simbólica o un cristal de lapislázuli, todos elementos que ayudan a anclar la presencia de Miguel en el lugar. También es recomendable tener un objeto personal, como una piedra o un amuleto, que el buscador pueda consagrar durante el ritual para llevar consigo como recordatorio de su compromiso. Al crear este entorno, el buscador establece un espacio de respeto y de devoción, listo para recibir la bendición de Miguel.

El ritual puede comenzar con una respiración profunda y consciente, una práctica que ayuda al buscador a entrar en un estado de paz y de claridad. Con cada inhalación, puede visualizar que está absorbiendo la luz de Miguel, una energía suave pero poderosa que llena su ser de calma y de propósito. Con cada exhalación, puede imaginar que cualquier tensión o pensamiento discordante se disuelve, dejando espacio para la presencia de Miguel. Esta respiración consciente actúa como un puente hacia el estado de consagración, permitiendo que el buscador entre en un estado de comunión con la luz de Miguel.

Una vez en un estado de calma, el buscador puede realizar una invocación para solicitar la presencia de Miguel y para expresar su intención de consagrarse a su misión. Esta invocación puede expresarse de manera sincera, en palabras que surjan del corazón, como: "Arcángel Miguel, protector y guía, te invoco en este momento sagrado. Abro mi corazón y mi vida a tu luz, y me consagro a tu misión de paz, protección y verdad. Que mi ser sea un canal de tu amor y de tu fortaleza, y que cada pensamiento y acción honre tu presencia y tu propósito." Estas palabras representan el compromiso del buscador de vivir en armonía con los valores de Miguel, de convertirse en un reflejo de su luz y de servir a la misión de paz que él inspira.

Con la invocación realizada, el buscador puede proceder a realizar una visualización en la que imagina que Miguel está junto a él, rodeándolo de su luz azul protectora. Esta luz se percibe como una energía cálida y sanadora que penetra en cada célula, infundiendo paz, claridad y fortaleza. Al visualizar esta luz, el buscador puede sentir que cada parte de su ser está siendo renovada y purificada, como si el peso del pasado se disolviera y una nueva energía lo llenara de propósito. Esta luz azul representa la bendición de Miguel, una energía que sella el compromiso de consagración y que convierte al buscador en un canal de su misión y de su amor.

Durante el ritual, el buscador puede colocar el objeto personal que ha elegido sobre el altar o en sus manos, visualizando que la luz de Miguel lo rodea y lo llena de energía. Este objeto, al ser consagrado, se convierte en un símbolo del compromiso asumido, un recordatorio de la presencia de Miguel y de la alianza que se ha establecido. Al sostener este objeto, el buscador puede imaginar que la luz de Miguel se ancla en él, transformándolo en un amuleto de paz y de protección que llevará consigo en cada momento, como una manifestación tangible de su compromiso y de su consagración.

Para sellar la consagración, el buscador puede recitar una oración o afirmación de compromiso que refuerce su intención de vivir en armonía con la misión de Miguel. Esta afirmación puede ser breve, pero debe ser pronunciada con sinceridad y con convicción, como una promesa de dedicar su vida a la paz y a la protección. Un ejemplo de afirmación puede ser: "Me consagro a la misión de paz y de amor del Arcángel Miguel. Que mi vida sea un reflejo de su luz y que cada paso que dé honre su presencia y su guía." Al pronunciar estas palabras, el buscador sella su compromiso y establece un lazo de amor y de servicio que lo conecta de manera profunda con Miguel.

La práctica de gratitud es una parte esencial del ritual de consagración, ya que permite al buscador reconocer y honrar la presencia de Miguel y la bendición que ha recibido. Al finalizar el ritual, el buscador puede expresar su gratitud a Miguel por su guía, por su amor y por la oportunidad de consagrarse a su misión. Este acto de gratitud es una forma de cerrar el espacio sagrado y de afirmar que la energía de Miguel permanece en el corazón del buscador, brindándole fortaleza y claridad en cada paso. Agradecer también es una manera de reconocer que la consagración no es solo un acto puntual, sino un compromiso de vida, una promesa de vivir en armonía con la luz y con la paz que Miguel inspira.

Tras el ritual, el buscador puede llevar consigo el objeto consagrado como un recordatorio de su compromiso y de su relación con Miguel. Este amuleto se convierte en una manifestación tangible de la consagración, un símbolo que puede sostener en momentos de desafío o de duda, recordándole la paz y la fortaleza que Miguel le ha otorgado. Este objeto, cargado con la energía de la consagración, actúa como un canal de la luz de Miguel, una presencia silenciosa que acompaña y que protege en cada situación.

La consagración a Miguel es, en esencia, un acto de amor y de entrega, una decisión de vivir en sintonía con el propósito divino y de permitir que la vida del buscador se convierta en un reflejo de la luz y de la paz. Con cada día que pasa, este compromiso se fortalece, y el buscador descubre que vivir en consagración a Miguel no es una carga, sino una fuente de inspiración y de serenidad que transforma cada aspecto de su existencia. Miguel, en su infinita compasión, acoge con amor a quienes se consagran a su misión, brindándoles su paz, su protección y su sabiduría en cada paso.

Este ritual de consagración no es solo una ceremonia, sino el inicio de una relación sagrada que se profundiza con el tiempo, una alianza que eleva el espíritu y que permite al buscador vivir en paz y en armonía. En la presencia de Miguel, el buscador encuentra no solo protección, sino también el sentido y el propósito de su vida, una misión de amor y de servicio que lo conecta con la esencia divina y que lo convierte en un canal de luz en el mundo.

Capítulo 25
Mejorando su Comunicación Angélica

La comunicación angélica, especialmente bajo la guía del Arcángel Miguel, es un proceso de apertura y de sensibilidad espiritual que permite al buscador recibir mensajes, inspiración y guía de los seres celestiales. Miguel, con su rol de protector y líder de los ángeles, actúa como un puente que facilita esta comunicación, creando un canal seguro y claro a través del cual el buscador puede percibir la presencia y los mensajes de los ángeles. Este tipo de comunicación no se limita a palabras, sino que puede incluir sensaciones, imágenes, intuiciones y sincronías que revelan la sabiduría divina en la vida diaria.

La habilidad de comunicarse con los ángeles no requiere un don especial; es un talento que puede desarrollarse mediante la práctica, la intención y la fe. Miguel, en su infinita paciencia y amor, guía al buscador en este proceso, protegiéndolo y fortaleciendo su percepción para que pueda recibir los mensajes con claridad y sin interferencias. La comunicación angélica, cuando se establece con Miguel, se convierte en una relación de confianza y de apoyo, una fuente de guía constante que ilumina cada aspecto de la vida.

Para comenzar a mejorar la comunicación angélica, es esencial que el buscador cree un espacio tranquilo y libre de distracciones, donde pueda concentrarse y abrirse a la energía de los ángeles. Este espacio, que se convierte en un refugio sagrado, puede estar decorado con símbolos de Miguel, como una vela azul o blanca, o con cristales que potencien la conexión, como la amatista o el cuarzo claro. Este entorno se convierte en un punto de conexión, un lugar donde el buscador puede aquietar su mente y enfocarse en la intención de recibir mensajes de la jerarquía angélica.

El proceso de comunicación comienza con una respiración profunda y consciente, una herramienta que ayuda al buscador a centrar su mente y a relajar el cuerpo. Con cada inhalación, puede visualizar que está absorbiendo la luz de Miguel, una energía de protección y de paz que calma su espíritu. Con cada exhalación, puede imaginar que cualquier pensamiento o inquietud se disuelve, dejando un espacio abierto y receptivo. Esta respiración consciente permite que el buscador entre en un estado de serenidad, un estado en el que la percepción se expande y en el que la energía de los ángeles puede manifestarse con claridad.

Una vez en este estado de calma, el buscador puede realizar una invocación para solicitar la presencia de Miguel y la apertura de un canal de comunicación con los ángeles. Esta invocación puede ser breve y sencilla, pero debe expresarse desde el corazón, como una señal de apertura y de respeto. Un ejemplo de invocación puede ser: "Arcángel Miguel, protector y guía, te invoco en este momento para que me ayudes a abrir mi espíritu a la comunicación con los ángeles. Que tu luz me rodee y me proteja, permitiéndome recibir los mensajes de la jerarquía angélica con claridad y con amor." Estas palabras representan la disposición del buscador a recibir la guía de Miguel y de los ángeles, y crean un campo de energía donde la comunicación puede fluir sin interferencias.

Para profundizar en la comunicación, el buscador puede realizar una visualización en la que imagina que una luz azul y dorada desciende desde lo alto y lo envuelve, creando un campo de protección y de apertura. Esta luz, que representa la presencia de Miguel y de los ángeles, actúa como un canal que facilita la recepción de mensajes, ayudando al buscador a sintonizarse con las vibraciones angélicas. Al visualizar esta luz, el buscador puede sentir cómo su percepción se expande y cómo una sensación de paz y de claridad comienza a llenar su ser. Esta luz azul y dorada es una manifestación de la protección de Miguel, una energía que asegura que solo las vibraciones elevadas y los mensajes de amor lleguen al buscador.

Para fortalecer su habilidad de recibir mensajes, el buscador puede concentrarse en la práctica de escuchar activamente, una técnica en la que se enfoca en percibir cualquier impresión o sensación sin juzgarla o analizarla. En este estado de escucha, el buscador se convierte en un canal receptivo, permitiendo que las imágenes, las palabras o los pensamientos que surjan en su mente fluyan sin interferencias. Esta práctica de escucha es un ejercicio de paciencia y de apertura, un momento en el que el buscador confía en que Miguel y los ángeles están presentes, ofreciendo su guía en la forma que sea más adecuada.

Otra técnica útil para mejorar la comunicación angélica es el uso de afirmaciones de apertura y de claridad. Estas afirmaciones, repetidas con intención y sinceridad, ayudan a programar la mente y el espíritu para recibir los mensajes de los ángeles. Algunas afirmaciones que pueden ser útiles incluyen: "Estoy abierto a recibir la guía de los ángeles," "Confío en mi capacidad para escuchar los mensajes de Miguel y de la jerarquía angélica," o "Mi espíritu es un canal claro para la sabiduría divina." Al repetir estas palabras, el buscador refuerza su intención de comunicarse con los ángeles y fortalece su sensibilidad para percibir su presencia.

Durante el proceso de comunicación, el buscador puede encontrar útil llevar un diario espiritual, un espacio donde pueda anotar los mensajes, las intuiciones y las impresiones que reciba. Este diario no solo sirve como un registro de la comunicación angélica, sino que también ayuda al buscador a reconocer patrones y a interpretar los mensajes de manera más precisa. Al revisar las anotaciones, el buscador puede ver cómo los ángeles responden a sus preguntas y cómo Miguel actúa como guía y como protector en cada paso del camino.

En momentos de duda o de confusión, el buscador puede invocar de nuevo la presencia de Miguel, pidiéndole que despeje cualquier interferencia y que fortalezca el canal de comunicación. Visualizar que Miguel sostiene su espada de luz y corta cualquier energía discordante permite que el buscador se sienta protegido y centrado, recordando que Miguel está siempre presente, ofreciendo su apoyo y su guía en cada momento de necesidad. Este acto de reconexión ayuda a restablecer la paz y la claridad, asegurando que la comunicación con los ángeles sea siempre un canal de amor y de luz.

El contacto con la naturaleza también es una herramienta valiosa para fortalecer la comunicación con los ángeles. La naturaleza, en su pureza y equilibrio, es un reflejo de la paz y de la armonía divinas, y pasar tiempo al aire libre permite al buscador sintonizarse con las vibraciones angélicas de manera natural. Al observar el cielo, al caminar entre los árboles o al sentir el viento, el buscador se abre a recibir la presencia de los ángeles, quienes encuentran en la naturaleza un canal a través del cual se comunican y extienden su paz. Miguel, como guardián de la creación, facilita esta conexión, recordando al buscador que la presencia de los ángeles está siempre cerca, especialmente en la serenidad del mundo natural.

Al concluir cada práctica de comunicación, es importante expresar gratitud hacia Miguel y hacia los ángeles por su guía y su apoyo. Este acto de gratitud no solo fortalece la conexión con la jerarquía angélica, sino que también ayuda al buscador a anclar la experiencia en su espíritu, recordándole que los ángeles están siempre presentes y dispuestos a ofrecer su ayuda. Agradecer es una forma de cerrar el espacio sagrado, de afirmar que la guía de Miguel y de los ángeles sigue fluyendo y de confiar en que sus mensajes continuarán iluminando el camino.

Mejorar la comunicación angélica con la ayuda de Miguel es un proceso de crecimiento y de amor que transforma la vida del buscador. Con cada práctica, el buscador descubre que los ángeles no son solo guías externos, sino aliados espirituales que actúan como reflejos de su propio ser divino. Miguel, en su rol de protector, ofrece su luz como un puente hacia la sabiduría angélica, permitiendo que el buscador se sumerja en la paz y en la claridad de los mensajes celestiales. En su presencia, el buscador no solo recibe guía y apoyo, sino que también aprende a vivir en sintonía con la luz y el amor que la jerarquía angélica inspira.

Capítulo 26
Alineándose con el Propósito Divino

Alinear la vida con el propósito divino, guiado por el Arcángel Miguel, es un proceso de descubrimiento y de rendición a un plan más vasto que el propio. Miguel, en su rol de guía espiritual, ayuda al buscador a encontrar su camino en medio de las complejidades de la vida, orientándolo hacia una misión que refleja la paz, la verdad y el amor universal. Con su luz protectora, Miguel ofrece claridad para ver más allá de las distracciones y ayuda a discernir lo que verdaderamente resuena con la esencia del alma. Esta alineación no se trata de renunciar a los deseos personales, sino de elevarlos y sintonizarlos con una visión de paz y de propósito superior.

Cada alma tiene un propósito único, un papel que desempeñar en el equilibrio del universo. Este propósito, cuando es abrazado y comprendido, permite que la vida se desarrolle en armonía, trayendo paz y sentido a cada experiencia. Miguel actúa como un faro en este proceso, recordando al buscador que la misión espiritual no es un destino fijo, sino un viaje constante de crecimiento, un llamado a vivir en coherencia con la propia esencia. Con su apoyo, el buscador encuentra el coraje para seguir el camino del propósito divino, aprendiendo a escuchar la voz de su espíritu y a actuar en sintonía con su verdadera naturaleza.

Para comenzar el proceso de alineación, es esencial que el buscador cree un espacio de introspección y de calma, un lugar donde pueda desconectarse de las distracciones y escuchar la voz interna. Este espacio puede prepararse con una vela azul o blanca, símbolo de la presencia de Miguel, y con elementos que inspiren paz, como cristales o imágenes que representen la luz divina. Este entorno se convierte en un santuario de reflexión, un lugar donde el buscador puede abrir su corazón a la presencia de Miguel y recibir su guía en el camino hacia el propósito divino.

El proceso puede iniciarse con una respiración profunda y consciente, una herramienta que ayuda al buscador a centrar su mente y a liberar cualquier tensión. Con cada inhalación, puede imaginar que está absorbiendo la luz de Miguel, una energía que trae paz y claridad al espíritu. Con cada exhalación, puede visualizar que cualquier pensamiento o inquietud se disuelve, dejando espacio para la conexión con el propósito divino. Esta respiración consciente actúa como un puente hacia el interior, permitiendo que el buscador entre en un estado de paz donde puede escuchar la voz de su alma y la guía de Miguel.

Una vez en un estado de calma, el buscador puede realizar una invocación para solicitar la ayuda de Miguel en el proceso de alineación con el propósito divino. Esta invocación puede ser breve y sincera, como una expresión de deseo de vivir en armonía con el plan divino. Un ejemplo de invocación podría ser: "Arcángel Miguel, protector y guía, te invoco en este momento. Ayúdame a conocer y a alinearme con el propósito de mi alma. Que tu luz ilumine mi camino y me permita ver con claridad los pasos que debo dar para vivir en paz y en coherencia con mi misión divina." Esta invocación es un acto de entrega y de apertura, una señal de que el buscador está dispuesto a vivir en sintonía con el plan más elevado.

Para profundizar en la conexión, el buscador puede visualizar una columna de luz azul que desciende desde lo alto, rodeándolo y penetrando en cada rincón de su ser. Esta luz representa la claridad de Miguel, una energía que disuelve cualquier duda y que permite al buscador ver su vida desde una perspectiva superior. Al sumergirse en esta visualización, el buscador puede sentir cómo cada parte de su ser se alinea con su propósito, como si las piezas de un rompecabezas comenzaran a encajar, revelando una imagen clara de su misión en el mundo.

Esta luz azul es la manifestación de la guía de Miguel, una presencia que inspira paz y confianza en el proceso de alineación.

Una técnica valiosa para sintonizar con el propósito divino es la práctica de la escritura intuitiva. En esta práctica, el buscador puede tomar un papel y un lápiz y comenzar a escribir sin preocuparse por el contenido, permitiendo que las palabras fluyan de manera espontánea. Esta escritura, cuando se realiza con la intención de recibir guía, actúa como un canal de comunicación con el espíritu, permitiendo que el buscador exprese sus deseos, sus dudas y sus aspiraciones. Miguel, en su rol de guía, inspira esta práctica, ayudando a que las palabras revelen verdades profundas y a que el propósito comience a tomar forma en la conciencia.

La repetición de afirmaciones también es una herramienta que fortalece la conexión con el propósito divino. Estas afirmaciones, pronunciadas en voz alta o en silencio, actúan como recordatorios de la intención del buscador de vivir en sintonía con su misión espiritual. Algunas afirmaciones útiles pueden ser: "Estoy alineado con el propósito divino de mi vida," "Confío en que Miguel me guía hacia mi misión espiritual," o "Mi vida se desarrolla en armonía con el plan de mi alma." Al repetir estas palabras, el buscador refuerza su conexión con el propósito divino y permite que esta intención se ancle en su mente y en su espíritu.

El contacto con la naturaleza es otra práctica que ayuda a alinear el espíritu con el propósito divino. La naturaleza, en su equilibrio y armonía, actúa como un espejo de la paz y de la sabiduría del universo, y al pasar tiempo al aire libre, el buscador puede sintonizarse con su propio propósito. Miguel, como guardián del equilibrio, encuentra en la naturaleza un canal para inspirar claridad y paz en el buscador, ayudándolo a reconectar con su esencia y a recordar el propósito que habita en su corazón. Al caminar en silencio, al observar el cielo o al sentir el aire, el buscador se abre a la presencia de Miguel y recibe su guía de manera natural.

Durante el día, en momentos de duda o de confusión, el buscador puede invocar de nuevo la presencia de Miguel, pidiéndole que fortalezca su conexión con el propósito divino y que lo guíe en cada decisión. Visualizar que la luz azul de Miguel rodea el cuerpo y despeja cualquier pensamiento de incertidumbre permite que el buscador recupere la paz y el enfoque, recordando que su misión no depende de las circunstancias externas, sino de su disposición de vivir en armonía con su alma. Este acto de reconexión fortalece la relación con Miguel y recuerda al buscador que siempre tiene acceso a su guía.

Al finalizar cada práctica de alineación, es esencial expresar gratitud a Miguel por su presencia y su apoyo en el proceso. Este acto de gratitud no solo fortalece la conexión con el arcángel, sino que también permite al buscador anclar su intención de vivir en coherencia con el propósito divino. Agradecer es una forma de cerrar el espacio sagrado y de afirmar que el propósito del alma está en constante desarrollo, guiado por la luz de Miguel y por el amor que él inspira.

Alinear la vida con el propósito divino, con la ayuda de Miguel, es una invitación a vivir en paz y en armonía con la esencia del alma. Con cada práctica, el buscador descubre que el propósito no es un objetivo externo, sino una expresión de su ser más profundo, un reflejo de su relación con el universo y con la luz divina. Miguel, en su rol de guía, ofrece su paz y su claridad como un camino hacia el propósito, permitiendo que el buscador viva en sintonía con su misión y en armonía con su propia verdad. En su presencia, el buscador encuentra no solo guía y protección, sino también el valor para ser fiel a sí mismo y para vivir en plenitud, en coherencia con el propósito de su alma y con la paz que Miguel inspira.

Capítulo 27
Viajes Astrales Protegidos

El viaje astral protegido, guiado por el Arcángel Miguel, es una práctica espiritual que permite al buscador expandir su conciencia y explorar dimensiones más allá del plano físico. Con Miguel como protector, el viaje astral se convierte en una experiencia segura y enriquecedora en la que el espíritu se aventura a otros niveles de realidad, recibiendo sabiduría, sanación y comprensión. Miguel, conocido como el guardián de los viajeros espirituales, envuelve al buscador en su luz azul, asegurando que este se mantenga protegido de cualquier influencia negativa durante su travesía.

El viaje astral, cuando se realiza de manera consciente y en sintonía con la energía de Miguel, es un proceso de exploración y de autoconocimiento en el que el espíritu descubre la vastedad del universo. No es solo una experiencia de proyección fuera del cuerpo, sino una oportunidad de sintonizar con la paz, la claridad y la sabiduría que existen en dimensiones superiores. Con la guía de Miguel, el buscador puede viajar con confianza y serenidad, sabiendo que está bajo la protección de un ser de luz que lo cuida y lo guía en cada paso del camino.

Para iniciar un viaje astral protegido, es esencial crear un entorno tranquilo y libre de distracciones, un espacio donde el buscador pueda concentrarse plenamente en el proceso. Este espacio puede prepararse con una vela azul o blanca, que simbolice la presencia de Miguel, y con otros elementos que eleven la energía, como cristales de amatista o selenita, que favorecen la conexión espiritual. Este entorno se convierte en un santuario de paz, un lugar donde el buscador puede relajarse y abrirse a la experiencia del viaje astral, sabiendo que Miguel está presente y que su luz lo rodea y lo cuida.

Antes de comenzar el viaje, es fundamental que el buscador se sumerja en una respiración profunda y consciente, una práctica que lo ayudará a calmar su mente y a preparar su cuerpo. Con cada inhalación, puede imaginar que está absorbiendo la luz de Miguel, una energía protectora que llena cada rincón de su ser. Con cada exhalación, puede visualizar que cualquier tensión o ansiedad se disuelve, permitiéndole alcanzar un estado de paz y de receptividad. Esta respiración consciente actúa como un puente hacia el estado de proyección, ayudando al buscador a relajarse y a preparar su energía para el viaje.

Una vez en este estado de calma, el buscador puede realizar una invocación para pedir la guía y la protección de Miguel en el viaje astral. Esta invocación puede ser simple, pero debe expresarse desde el corazón, con una intención clara de viajar bajo el cuidado de Miguel. Un ejemplo de invocación podría ser: "Arcángel Miguel, protector de los viajeros espirituales, te invoco en este momento. Rodea mi ser con tu luz y guíame en este viaje. Que tu presencia me proteja y me guíe hacia dimensiones de paz y de sabiduría." Estas palabras representan un compromiso de realizar el viaje de manera consciente y bajo la guía de Miguel, confiando en que su energía estará presente en cada momento.

Para fortalecer la protección, el buscador puede visualizar un escudo de luz azul que lo rodea, formando una barrera energética que lo mantendrá seguro durante el viaje. Esta luz azul, que representa la esencia protectora de Miguel, envuelve el cuerpo y el espíritu del buscador, creando un campo de paz que lo acompaña en todo momento. Al visualizar este escudo, el buscador puede sentir cómo su energía se estabiliza y cómo una paz profunda lo llena, preparándolo para el viaje. Este escudo de luz no solo lo protege de cualquier influencia externa, sino que también le permite mantener su conexión con el plano físico, asegurando que pueda regresar cuando lo desee.

Al iniciar el proceso de proyección, el buscador puede concentrarse en una sensación de ligereza, permitiendo que su cuerpo espiritual se desplace suavemente hacia fuera del cuerpo físico. Es útil enfocar la mente en un punto de luz o en un objetivo específico, como un lugar de paz o de belleza en el plano astral, que inspire confianza y serenidad. Miguel, en su rol de protector, guía el espíritu del buscador hacia dimensiones seguras y llenas de paz, donde puede explorar y recibir sabiduría sin temor. Esta visualización actúa como un mapa que el espíritu sigue, un camino de luz que Miguel ilumina para guiar al buscador hacia dimensiones elevadas.

Durante el viaje astral, el buscador puede encontrar útil mantenerse en un estado de calma y de observación, permitiendo que las impresiones, los colores y las sensaciones fluyan sin interferencia. Miguel, en su presencia protectora, asegura que el buscador no se sienta perturbado y que cualquier energía discordante sea disuelta antes de que pueda afectar la experiencia. Al relajarse y permitir que el viaje fluya de manera natural, el buscador se abre a recibir la paz y la claridad que el plano astral ofrece, explorando con la confianza de que Miguel está allí, guiándolo en cada momento.

Para quienes desean profundizar en la conexión con Miguel durante el viaje astral, es útil llevar consigo un símbolo de su presencia, como una imagen mental de su espada o de su luz. Este símbolo actúa como un ancla, una forma de recordar que la energía de Miguel está siempre cerca y que el buscador puede invocarlo en cualquier momento. Al concentrarse en este símbolo, el buscador puede sentir cómo su energía se refuerza y cómo una sensación de seguridad lo rodea, permitiéndole disfrutar de la experiencia sin temor y en plena paz.

La repetición de afirmaciones también es una herramienta valiosa para fortalecer la protección durante el viaje astral. Estas afirmaciones, pronunciadas en voz alta o en silencio antes del viaje, ayudan a programar la mente y el espíritu para recibir la guía de Miguel y para mantenerse en un estado de paz. Algunas afirmaciones útiles incluyen: "Estoy rodeado de la luz protectora de Miguel," "Viajo en paz y en seguridad, guiado por Miguel," o "Mi espíritu explora en armonía, bajo la protección de la luz divina." Al repetir estas palabras, el buscador ancla la intención de viajar en paz y en seguridad, recordando que su viaje es un acto de exploración consciente y de crecimiento.

Al regresar del viaje astral, es esencial que el buscador tome un momento para agradecer a Miguel por su protección y su guía. Este acto de gratitud no solo fortalece la relación con el arcángel, sino que también ayuda a cerrar el espacio sagrado y a anclar la experiencia en la conciencia. Agradecer es una manera de afirmar que la protección de Miguel permanece en el espíritu y en el cuerpo, asegurando que la paz y la claridad del viaje astral se integren de manera armoniosa en la vida diaria.

El viaje astral protegido con la ayuda de Miguel es, en última instancia, una oportunidad de expansión y de autoconocimiento. Con cada práctica, el buscador descubre que las dimensiones espirituales no son solo espacios externos, sino reflejos de su propio ser, expresiones de su relación con el universo y con la luz divina. Miguel, en su rol de guía y de guardián, ofrece su luz como un canal seguro, permitiendo que el buscador explore las dimensiones etéricas con confianza y en paz. En su presencia, el buscador no solo encuentra protección y guía, sino también un recordatorio de que el universo es vasto y que cada alma es una parte de esta creación infinita, libre para explorar y para expandirse en la paz y en la luz que Miguel inspira.

Capítulo 28
Facilitando Curaciones en Grupo

Facilitar curaciones en grupo con la ayuda del Arcángel Miguel es una práctica de amor y de servicio en la que se invoca su luz sanadora para rodear y elevar a aquellos que buscan restauración y paz. Miguel, en su rol de protector y sanador, ofrece su energía poderosa para crear un ambiente de armonía y de equilibrio, permitiendo que la sanación fluya hacia cada miembro del grupo. La sanación en grupo es un acto de unidad, una oportunidad de compartir la energía divina que Miguel inspira, y de convertirse en un canal de su compasión y de su poder restaurador.

La curación en grupo, guiada por Miguel, no solo actúa en el nivel físico, sino que también equilibra las emociones y purifica el espíritu. En su presencia, cada persona encuentra alivio y fortaleza, y el grupo en conjunto experimenta una renovación de la energía y una elevación de la vibración. Miguel, con su luz azul sanadora, actúa como un guardián de este proceso, asegurando que todos los presentes se encuentren en un espacio seguro y protegido, donde la paz y la sanación pueden manifestarse sin interferencias.

Para facilitar una curación en grupo, es fundamental que se cree un entorno sagrado, un espacio de paz y de respeto donde todos puedan abrirse a la energía de Miguel. Este espacio puede prepararse con velas azules o blancas, símbolos de la presencia de Miguel, y con cristales que refuercen la energía, como el cuarzo, la amatista o la selenita, todos ellos conocidos por sus propiedades sanadoras. También es útil disponer de asientos en círculo, simbolizando la igualdad y la conexión entre los participantes, permitiendo que la energía fluya libremente en el grupo. Al crear este espacio, el facilitador establece un ambiente propicio para la sanación y para la presencia de Miguel.

Antes de comenzar la sesión, es importante que el grupo realice una práctica de respiración consciente, un ejercicio que ayuda a calmar la mente y a unificar la energía de todos los presentes. Con cada inhalación, los participantes pueden visualizar que están absorbiendo la luz de Miguel, una energía suave y sanadora que los llena de paz. Con cada exhalación, pueden imaginar que cualquier tensión o inquietud se disuelve, permitiendo que el ambiente se llene de calma y de receptividad. Esta respiración compartida actúa como un medio para alinear la energía del grupo y para crear una conexión profunda con la presencia de Miguel.

Una vez que el grupo ha alcanzado un estado de calma, el facilitador puede realizar una invocación, invitando a Miguel a guiar y a proteger el proceso de sanación. Esta invocación puede expresarse de manera sencilla y con respeto, como una solicitud de apoyo y de amparo. Un ejemplo de invocación podría ser: "Arcángel Miguel, protector y sanador, te invocamos en este momento. Llena este espacio con tu luz y guía nuestra intención de sanación. Que cada persona aquí presente reciba tu paz, tu fortaleza y tu amor sanador." Estas palabras representan la disposición del grupo a recibir la guía de Miguel y a abrirse a la energía sanadora que él inspira.

Para reforzar la presencia de Miguel, el facilitador puede guiar al grupo en una visualización en la que todos imaginen una luz azul intensa que desciende desde lo alto y que rodea a cada persona en el círculo. Esta luz, que representa la esencia sanadora de Miguel, forma un manto protector que envuelve a todos, creando un campo de paz y de equilibrio donde la sanación puede manifestarse. Al visualizar esta luz azul, cada miembro del grupo puede sentir cómo su cuerpo y su espíritu comienzan a relajarse, permitiendo que cualquier dolor o tensión se disuelva en la energía sanadora de Miguel.

Durante la sesión, el facilitador puede guiar a cada participante a enfocarse en una intención específica de sanación, ya sea para aliviar un dolor físico, para liberar una emoción o para encontrar claridad en un aspecto de la vida. Miguel, en su rol de sanador, responde a estas intenciones, permitiendo que cada persona reciba la energía que necesita para restaurar su bienestar. El grupo, al compartir este espacio de sanación, se convierte en un canal de apoyo mutuo, donde cada participante contribuye a la sanación de los demás y se beneficia de la energía compartida.

Para profundizar en la experiencia, el facilitador puede introducir la práctica de las afirmaciones de sanación, invitando a cada persona a repetir mentalmente o en voz baja palabras de poder que refuercen su intención. Algunas afirmaciones útiles pueden ser: "Estoy rodeado de la luz sanadora de Miguel," "Permito que mi cuerpo y mi espíritu se renueven en la paz de Miguel," o "Recibo la sanación que mi ser necesita en este momento." Al repetir estas palabras, cada miembro del grupo se sintoniza con la energía de Miguel, permitiendo que la sanación fluya y se ancle en cada aspecto de su ser.

El facilitador puede también guiar al grupo en la práctica de la imposición de manos, en la que los participantes extienden sus manos hacia el centro del círculo o hacia sus propios cuerpos, imaginando que la luz azul de Miguel fluye a través de ellas. Esta luz se convierte en un canal de sanación que cada persona envía hacia el grupo, creando un flujo de energía sanadora que fortalece el campo de sanación colectiva. Miguel, como guardián de la sanación, actúa en este momento como un canal de luz, permitiendo que la energía se expanda y que cada miembro del grupo reciba la restauración y la paz que necesita.

Al finalizar la sesión de sanación, es fundamental que el grupo exprese su gratitud a Miguel por su guía y por la energía sanadora que ha compartido. Este acto de gratitud no solo cierra el espacio sagrado, sino que también permite que cada persona ancle la experiencia en su conciencia, recordando que la sanación es un proceso continuo y que la presencia de Miguel permanece en cada uno de ellos. Agradecer es una manera de reconocer el poder de la sanación en grupo y de afirmar que la energía de Miguel continúa actuando en cada miembro, incluso después de que la sesión haya concluido.

La sanación en grupo, facilitada por Miguel, es una experiencia de comunión y de transformación que enriquece tanto al buscador como al grupo en su totalidad. Con cada práctica, los participantes descubren que la sanación no es solo una restauración física, sino una experiencia de conexión y de amor compartido, una oportunidad de crecer juntos en paz y en armonía. Miguel, en su rol de sanador y protector, ofrece su luz como un canal de restauración, permitiendo que el grupo experimente la paz y la fortaleza que surgen de la unidad. En su presencia, cada miembro del grupo encuentra no solo sanación, sino también un recordatorio de que todos estamos conectados en un tejido de amor divino, y que al sanar juntos, también se sana el espíritu de la humanidad.

Capítulo 29
Miguel como Mensajero Celestial

El Arcángel Miguel, en su rol de mensajero celestial, actúa como un canal de comunicación entre el plano divino y el mundo humano, transmitiendo mensajes de amor, guía y protección. Como líder de los ejércitos celestiales, Miguel no solo protege y guía a quienes lo invocan, sino que también sirve como portavoz de la sabiduría y del propósito divino, ayudando a cada alma a comprender su lugar en el vasto entramado del universo. En su presencia, los mensajes se perciben con una claridad y una profundidad que permiten al buscador ver más allá de las preocupaciones cotidianas y sintonizar con el propósito más elevado.

Miguel, como mensajero de lo divino, trae consigo la claridad que disipa las dudas y la luz que ilumina el camino. Sus mensajes no solo otorgan paz, sino que también inspiran coraje y determinación para actuar en coherencia con el propósito de cada alma. Con su ayuda, el buscador aprende a interpretar las señales del universo, a escuchar la voz de su espíritu y a alinear sus acciones con el amor y la sabiduría que Miguel inspira. Su rol de mensajero no es solo de palabras, sino de energía y de verdad, una guía sutil que actúa como brújula en el camino de la vida.

Para comenzar a recibir los mensajes de Miguel, es esencial que el buscador prepare un espacio de paz y de silencio, un lugar donde pueda aquietarse y abrirse a la energía del arcángel. Este espacio puede adornarse con una vela azul o blanca, símbolo de la presencia de Miguel, y con elementos que refuercen la conexión, como cristales de lapislázuli o amatista, que ayudan a elevar la vibración y a sintonizar con la frecuencia angélica. Al crear este ambiente, el buscador establece una intención clara de recibir la guía de Miguel y de abrirse a los mensajes que él tiene para ofrecer.

El proceso de conexión puede iniciarse con una respiración profunda y consciente, que ayuda al buscador a calmar su mente y a preparar su espíritu. Con cada inhalación, puede visualizar que está absorbiendo la luz de Miguel, una energía de paz y de claridad que penetra en su ser. Con cada exhalación, puede imaginar que cualquier pensamiento o preocupación se disuelve, dejando un espacio abierto y receptivo. Esta respiración consciente permite que el buscador entre en un estado de serenidad, un estado en el que la energía de Miguel puede manifestarse y sus mensajes pueden llegar con mayor claridad.

Una vez alcanzado este estado de calma, el buscador puede realizar una invocación para solicitar la presencia de Miguel y la apertura de un canal de comunicación. Esta invocación puede expresarse en palabras sencillas y sinceras, como una solicitud de guía y de amparo. Un ejemplo de invocación podría ser: "Arcángel Miguel, mensajero de la paz y la sabiduría divina, te invoco en este momento. Abro mi corazón y mi espíritu a tu guía, y pido que tus mensajes lleguen a mí con claridad y amor. Que tu presencia ilumine mi camino y me ayude a comprender la voluntad divina." Esta invocación es una señal de apertura, una disposición a escuchar y a recibir la sabiduría que Miguel inspira.

Para profundizar en la conexión, el buscador puede visualizar una columna de luz azul que desciende desde lo alto y que lo rodea, creando un campo de paz y de claridad donde los mensajes pueden fluir libremente. Esta luz representa la esencia de Miguel, una energía protectora y sanadora que permite que el buscador se sienta seguro y en paz. Al visualizar esta luz, el buscador puede sentir cómo su percepción se expande y cómo una sensación de serenidad lo envuelve, preparándolo para recibir los mensajes de Miguel. Esta luz azul es una manifestación de la presencia de Miguel, un símbolo de la paz y de la claridad que él trae consigo.

Para quienes buscan interpretar los mensajes de Miguel, es útil llevar consigo un diario espiritual, un espacio donde puedan anotar las impresiones, los pensamientos y las palabras que reciban durante la práctica. Este diario se convierte en un canal de comunicación, un lugar donde los mensajes de Miguel pueden tomar forma y donde el buscador puede reflexionar sobre el significado de cada uno. Al revisar las anotaciones, el buscador puede ver cómo los mensajes de Miguel ofrecen guía en momentos de duda y cómo su presencia se convierte en una fuente constante de apoyo y de orientación.

Otra técnica valiosa para fortalecer la conexión es la repetición de afirmaciones de apertura y de claridad. Estas afirmaciones, pronunciadas en voz alta o en silencio, ayudan a programar la mente y el espíritu para recibir los mensajes de Miguel con confianza y con paz. Algunas afirmaciones útiles pueden ser: "Estoy abierto a la guía del Arcángel Miguel," "Confío en que los mensajes de Miguel llegan a mí con claridad," o "Recibo la sabiduría de Miguel con paz y amor." Al repetir estas palabras, el buscador fortalece su intención de conectarse con Miguel y de recibir su guía en cada aspecto de la vida.

Durante el día, en momentos en que el buscador sienta la necesidad de recibir un mensaje o una señal, puede invocar de nuevo la presencia de Miguel, pidiéndole que le ofrezca claridad y comprensión. Visualizar que la luz azul de Miguel lo rodea permite que el buscador se sintonice con su energía y que cualquier pensamiento de duda o de confusión se disuelva. Este acto de reconexión ayuda a recordar que Miguel está siempre presente, ofreciendo su guía y su apoyo en cada momento de necesidad.

El contacto con la naturaleza es también una herramienta poderosa para recibir los mensajes de Miguel. La naturaleza, en su equilibrio y pureza, actúa como un canal de comunicación donde Miguel se manifiesta de manera sutil, transmitiendo sus mensajes a través del silencio, de los elementos y de la belleza natural. Al pasar tiempo al aire libre, el buscador se abre a recibir la sabiduría de Miguel de manera natural, escuchando la voz del viento, observando la armonía de los árboles o contemplando el cielo. Miguel, como guardián de la creación, encuentra en la naturaleza un medio para comunicar su paz y su guía, ayudando al buscador a encontrar claridad y propósito.

Al finalizar cada práctica de comunicación, es fundamental que el buscador exprese su gratitud a Miguel por su guía y por los mensajes que ha recibido. Este acto de gratitud no solo refuerza la conexión, sino que también permite que el buscador ancle la experiencia en su conciencia, recordando que la sabiduría de Miguel es una fuente continua de apoyo. Agradecer es una forma de cerrar el espacio sagrado y de afirmar que los mensajes de Miguel permanecen en el espíritu, guiando al buscador en cada paso y en cada decisión.

Miguel, en su rol de mensajero celestial, ofrece una conexión constante con la paz y la sabiduría divina. Con cada práctica, el buscador descubre que los mensajes de Miguel no son solo palabras, sino vibraciones de amor y de protección que elevan el espíritu y que lo inspiran a vivir en coherencia con el propósito de su alma. En su presencia, el buscador encuentra no solo guía y apoyo, sino también un recordatorio de que la vida está llena de significado y de propósito, y de que Miguel, como guardián de la paz, está siempre dispuesto a ofrecer su luz y su sabiduría en el camino espiritual.

Capítulo 30
Descubriendo su Misión Espiritual

Descubrir la misión espiritual con la ayuda del Arcángel Miguel es un viaje hacia el centro del ser, una búsqueda de propósito que va más allá de los deseos personales y que se conecta con la esencia de cada alma. Miguel, en su rol de guía y protector, ayuda al buscador a mirar dentro de sí mismo y a reconocer su verdadero llamado, ese propósito que lo alinea con la paz, la compasión y la sabiduría universales. La misión espiritual no es simplemente una serie de objetivos; es un camino que transforma y que permite que cada acción y cada elección resuene con la verdad y el amor. Con la luz de Miguel, el buscador encuentra el coraje y la claridad para aceptar y abrazar su propósito con el espíritu y el corazón abiertos.

La misión espiritual es una fuerza interior que guía cada aspecto de la vida hacia la paz y el equilibrio. Miguel, como guardián de la verdad y de la luz, ayuda al buscador a descubrir este llamado, despejando las dudas y las distracciones que a menudo nublan la visión. Con su guía, el buscador se sintoniza con su esencia y encuentra la fortaleza para vivir en coherencia con su misión, confiando en que cada paso está protegido y bendecido. Miguel no solo ilumina el propósito, sino que también inspira el valor necesario para recorrer este camino con integridad y compromiso.

Para comenzar la búsqueda de la misión espiritual, es esencial que el buscador cree un espacio tranquilo, un lugar de introspección y de silencio donde pueda abrirse a la energía de Miguel. Este espacio puede estar adornado con una vela azul o blanca, símbolo de la presencia protectora de Miguel, y con objetos que inspiren calma, como cristales de cuarzo o amatista, que ayudan a elevar la vibración y a sintonizar con la paz. Este entorno actúa como un santuario, un lugar sagrado donde el buscador puede conectar con su corazón y con su espíritu, preparándose para recibir la guía de Miguel en su búsqueda de propósito.

El proceso puede iniciarse con una respiración profunda y consciente, una práctica que ayuda al buscador a aquietar la mente y a relajar el cuerpo. Con cada inhalación, puede imaginar que está absorbiendo la luz de Miguel, una energía que trae paz y claridad al espíritu. Con cada exhalación, puede visualizar que cualquier tensión o inquietud se disuelve, permitiendo que el buscador se sienta en paz y en apertura. Esta respiración consciente actúa como un puente hacia el interior, ayudando al buscador a prepararse para escuchar la voz de su alma y la guía de Miguel.

Una vez en un estado de calma, el buscador puede realizar una invocación para solicitar la presencia de Miguel y pedir su ayuda en el descubrimiento de su misión espiritual. Esta invocación puede expresarse de manera sencilla y sincera, como una señal de apertura y de disposición a recibir la guía. Un ejemplo de invocación podría ser: "Arcángel Miguel, protector y guía, te invoco en este momento. Ayúdame a descubrir el propósito de mi alma y a reconocer el llamado que me guía hacia la paz y el amor. Que tu luz ilumine mi camino y me permita ver con claridad el propósito que yace en mi corazón." Esta invocación representa el compromiso de buscar la misión espiritual y de vivir en armonía con el propósito divino.

Para profundizar en esta conexión, el buscador puede visualizar una columna de luz azul que desciende desde lo alto y que lo rodea, creando un campo de paz y de claridad donde las verdades internas pueden revelarse. Esta luz representa la guía de Miguel, una energía que disuelve las sombras de la duda y que permite que el buscador vea su vida desde una perspectiva elevada. Al sumergirse en esta visualización, el buscador puede sentir cómo cada parte de su ser se alinea con su propósito, como si una fuerza interna comenzara a despertar y a recordarle el motivo por el cual está aquí. Esta luz azul es la manifestación de la presencia de Miguel, un símbolo de la paz y de la claridad que él inspira en cada búsqueda espiritual.

Otra técnica útil en la búsqueda de la misión espiritual es la práctica de la escritura intuitiva. El buscador puede tomar un cuaderno y un lápiz y, con la intención de descubrir su propósito, permitir que las palabras fluyan de manera libre y espontánea. Esta escritura, cuando se realiza en conexión con la energía de Miguel, actúa como un canal de comunicación con el alma, revelando pensamientos y sentimientos profundos que a menudo quedan ocultos en la mente consciente. Miguel, en su rol de guía, inspira esta práctica, ayudando a que el buscador se exprese y a que las palabras reflejen su misión espiritual con claridad y sinceridad.

Para reforzar la conexión con el propósito, el buscador puede emplear afirmaciones que afirmen su intención de descubrir y de vivir en armonía con su misión. Estas afirmaciones, repetidas con fe y con intención, ayudan a anclar la misión espiritual en la conciencia y a recordar que el propósito es una guía constante en la vida. Algunas afirmaciones útiles pueden ser: "Estoy en sintonía con el propósito de mi alma," "Confío en que Miguel me guía hacia mi misión espiritual," o "Mi vida se alinea con el amor y con la paz que inspiran mi propósito." Al repetir estas palabras, el buscador refuerza su disposición a vivir en armonía con su misión y permite que esta intención se ancle en su mente y en su espíritu.

El contacto con la naturaleza es también una práctica que facilita el descubrimiento de la misión espiritual. La naturaleza, en su equilibrio y en su armonía, actúa como un reflejo de la paz y de la sabiduría universales, y al pasar tiempo al aire libre, el buscador puede conectar con su propia esencia y recibir la guía de Miguel. Al observar la serenidad de los árboles, la pureza del agua o la vastedad del cielo, el buscador se sintoniza con la energía de Miguel y permite que la paz y la claridad lo rodeen, recordándole el propósito que habita en su corazón.

Durante el día, en momentos de duda o de confusión, el buscador puede invocar de nuevo la presencia de Miguel, pidiéndole que lo guíe y que lo ayude a recordar su misión espiritual. Visualizar que la luz azul de Miguel rodea el cuerpo y disuelve cualquier pensamiento de incertidumbre permite que el buscador recupere la paz y el enfoque, recordando que su misión es una fuerza que vive en su interior y que siempre está presente. Este acto de reconexión fortalece la relación con Miguel y recuerda al buscador que su propósito no depende de las circunstancias externas, sino de su disposición de vivir en coherencia con su alma.

Al finalizar cada práctica de búsqueda, es importante expresar gratitud a Miguel por su presencia y su guía en el proceso de descubrimiento. Este acto de gratitud no solo refuerza la conexión con el arcángel, sino que también permite al buscador anclar la experiencia en su espíritu, recordándole que la misión espiritual es una guía constante. Agradecer es una manera de cerrar el espacio sagrado y de afirmar que el propósito del alma sigue desarrollándose, guiado por la luz y por el amor de Miguel.

Descubrir la misión espiritual con la ayuda de Miguel es un proceso de autoconocimiento y de paz interior. Con cada práctica, el buscador se adentra más profundamente en su esencia y descubre que su misión no es solo un destino, sino una manera de vivir en armonía con la luz y con el amor que Miguel inspira. En su presencia, el buscador encuentra no solo claridad y propósito, sino también el coraje para vivir en paz, en coherencia con su misión y en sintonía con el propósito divino.

Capítulo 31
Ascensión Espiritual con Miguel

La ascensión espiritual, guiada por el Arcángel Miguel, es un proceso de expansión de conciencia y de conexión profunda con la dimensión divina que existe en cada ser. Miguel, en su rol de protector y guía celestial, ofrece su luz y su fortaleza para ayudar al buscador a elevar su frecuencia vibratoria, permitiéndole experimentar estados de paz, amor y sabiduría más allá de lo cotidiano. La ascensión no es simplemente un cambio en la percepción, sino una transformación integral del espíritu, en la que el buscador se alinea con su verdadera esencia y abraza una existencia en armonía con el propósito divino. Con Miguel a su lado, este viaje se convierte en una experiencia de conexión con lo sagrado y en un compromiso con la expansión espiritual.

La ascensión espiritual es una llamada hacia el despertar, hacia una conciencia en la que el amor y la paz se convierten en el estado natural del ser. Miguel, con su luz azul y su poder protector, ofrece al buscador la seguridad y el apoyo necesarios para soltar los aspectos limitantes y abrirse a los niveles superiores de conciencia. Este proceso, aunque desafiante, se convierte en una travesía de auto-descubrimiento y de empoderamiento en la que Miguel, como maestro y guardián, actúa como un faro que guía cada paso, permitiendo que el buscador viva en sintonía con su ser más elevado y con la paz del universo.

Para iniciar la práctica de ascensión espiritual con Miguel, es fundamental que el buscador cree un espacio sagrado, un lugar que inspire paz y conexión. Este espacio puede prepararse con elementos que representen la presencia de Miguel, como una vela azul o blanca, cristales de alta vibración como el cuarzo, la amatista o el selenita, y algún símbolo personal que inspire serenidad y trascendencia. Este ambiente, creado con respeto y devoción, se convierte en un refugio de paz y de claridad, un lugar donde el buscador puede aquietar su mente y abrirse al proceso de expansión espiritual bajo la guía de Miguel.

El proceso de ascensión puede comenzar con una respiración profunda y consciente, una práctica que permite al buscador conectar su mente y su espíritu, alcanzando un estado de paz y de receptividad. Con cada inhalación, el buscador puede imaginar que está absorbiendo la luz de Miguel, una energía que lo llena de serenidad y de apertura. Con cada exhalación, puede visualizar que cualquier tensión o preocupación se disuelve, dejando un espacio claro donde la energía de Miguel puede manifestarse. Esta respiración consciente permite al buscador aquietarse y preparar su ser para el proceso de elevación de conciencia.

Una vez alcanzado un estado de calma, el buscador puede realizar una invocación para pedir la asistencia de Miguel en el proceso de ascensión espiritual. Esta invocación puede expresarse de forma sincera y simple, como un acto de apertura y de disposición para vivir en armonía con los niveles superiores de conciencia. Un ejemplo de invocación podría ser: "Arcángel Miguel, protector y guía, te invoco en este momento. Llena mi ser con tu luz y ayúdame a elevar mi conciencia hacia la paz y el amor divino. Que tu presencia me guíe y me proteja en este proceso de ascensión, y que mi espíritu se alinee con la esencia de mi alma." Esta invocación representa un compromiso con la expansión espiritual, una intención de abrirse a la experiencia de vivir en sintonía con la verdad y el amor.

Para profundizar en la conexión, el buscador puede visualizar una columna de luz azul intensa que desciende desde lo alto y lo rodea, creando un campo de energía donde su ser se eleva y se expande. Esta luz representa la presencia de Miguel, una energía protectora y sanadora que le permite sentir paz y seguridad mientras se abre a niveles superiores de conciencia. Al visualizar esta luz, el buscador puede sentir cómo su vibración se eleva y cómo su percepción se expande, como si una paz profunda y una claridad lo llenaran. Esta luz azul es un símbolo de la guía de Miguel, una manifestación de su presencia que permite que el buscador experimente la paz y la serenidad de la ascensión.

    Otra práctica valiosa en el proceso de ascensión es la meditación en silencio, una técnica que permite al buscador aquietarse y abrirse a la energía divina sin distracciones. En esta meditación, el buscador puede concentrarse en la presencia de Miguel, sintiendo su luz y su paz, y permitiendo que cualquier pensamiento se disuelva en el silencio. Esta práctica de silencio permite que el espíritu se libere de las ataduras y que el buscador entre en un estado de pureza y de conexión con el universo. Miguel, en su rol de protector, asegura que este silencio sea un espacio de paz y de claridad, donde el buscador puede abrirse plenamente a la experiencia de la ascensión.

    La repetición de afirmaciones es también una herramienta poderosa para fortalecer la intención de ascensión espiritual. Estas afirmaciones, pronunciadas con confianza y devoción, ayudan a recordar al buscador su compromiso de vivir en sintonía con su ser más elevado. Algunas afirmaciones útiles pueden ser: "Estoy en proceso de ascensión espiritual, guiado por la luz de Miguel," "Mi ser se eleva hacia la paz y el amor divino," o "Mi espíritu vive en armonía con el propósito más elevado." Al repetir estas palabras, el buscador ancla su intención de ascensión y permite que esta energía se manifieste en cada aspecto de su vida.

    El contacto con la naturaleza es otra práctica que facilita el proceso de ascensión. La naturaleza, en su pureza y armonía, actúa como un reflejo de la paz y del amor divino, y al pasar tiempo al aire libre, el buscador puede conectar con su esencia y elevar su vibración. Miguel, como guardián de la creación, encuentra en la naturaleza un medio para inspirar claridad y serenidad en el buscador, ayudándolo a reconectar con la paz y a recordar la belleza de su propósito. Al observar el cielo, al sentir el viento o al caminar entre los árboles, el buscador se abre a la presencia de Miguel y recibe su guía de manera natural.

Durante el día, en momentos en que el buscador sienta la necesidad de reconectar con su proceso de ascensión, puede invocar de nuevo la presencia de Miguel, pidiéndole que lo guíe y lo llene de paz. Visualizar que la luz azul de Miguel rodea su ser y despeja cualquier pensamiento de duda o de inquietud permite que el buscador recupere su equilibrio y se sienta en paz con su proceso. Este acto de reconexión ayuda a recordar que la ascensión es un proceso continuo, una práctica de apertura y de crecimiento en la que Miguel siempre está presente, ofreciendo su apoyo y su protección.

Al concluir cada práctica de ascensión, es esencial expresar gratitud hacia Miguel por su guía y su apoyo. Este acto de gratitud no solo fortalece la relación con el arcángel, sino que también permite que el buscador ancle la experiencia de ascensión en su conciencia, recordando que el proceso de elevación espiritual es un viaje continuo. Agradecer es una forma de afirmar el compromiso de vivir en paz y en armonía con el propósito divino, recordando que la presencia de Miguel sigue actuando en cada aspecto de la vida.

La ascensión espiritual con la ayuda de Miguel es, en última instancia, una invitación a vivir en un estado de paz y de amor incondicional. Con cada práctica, el buscador descubre que la ascensión no es un destino, sino un proceso de expansión y de auto-descubrimiento, una oportunidad de vivir en sintonía con la luz divina. Miguel, en su rol de guía y de protector, ofrece su luz como un camino hacia el despertar, permitiendo que el buscador experimente la paz y la serenidad que existen en su esencia más profunda. En su presencia, el buscador encuentra no solo guía y apoyo, sino también un recordatorio de que la ascensión es un viaje de amor y de verdad, una experiencia de unión con la paz y la sabiduría del universo.

Capítulo 32
Celebrando Festividades Sagradas

Celebrar festividades sagradas en honor al Arcángel Miguel es un acto de devoción y de renovación espiritual, una oportunidad para conectar profundamente con su luz y su guía. Miguel, conocido como protector y defensor de la paz, ha sido honrado en diversas tradiciones a través de rituales, ceremonias y días de festividad que resaltan su papel como guardián de la humanidad. Estas celebraciones no solo honran su presencia, sino que también actúan como un puente hacia su energía sanadora, ofreciendo al buscador un momento de introspección y de comunión con el propósito divino.

Cada festividad en honor a Miguel permite a los devotos fortalecer su conexión con él y renovar su compromiso con los valores que representa: el coraje, la justicia y la paz. Miguel, en su compasión y en su compromiso con la humanidad, responde a estas invocaciones colectivas, llenando los espacios de una paz y una protección especiales. Estas celebraciones, ya sean personales o grupales, permiten que el buscador se sienta en sintonía con Miguel, recordando su presencia y su papel como defensor espiritual en tiempos de desafío y de cambio.

Para celebrar una festividad sagrada en honor a Miguel, es esencial preparar un espacio de respeto y de devoción, un entorno que inspire calma y que permita al buscador concentrarse en su intención. Este espacio puede estar decorado con velas azules o blancas, símbolo de la presencia de Miguel, y con objetos que representen sus atributos, como una espada o una balanza, que actúan como recordatorio de su rol protector y justo. Este entorno sagrado se convierte en un canal de conexión, un lugar donde la energía de Miguel puede manifestarse y donde el buscador puede experimentar su presencia de manera tangible.

El primer paso en la celebración es establecer una intención clara, un propósito que honre a Miguel y que refleje la paz y la fortaleza que él inspira. Esta intención puede ser una oración, una promesa de vivir en coherencia con sus valores, o un pedido de guía y protección en un aspecto particular de la vida. Al expresar esta intención, el buscador se alinea con Miguel, creando un lazo de amor y de devoción que eleva la vibración del entorno y que permite que la celebración se convierta en una experiencia de comunión espiritual.

Una vez establecida la intención, el buscador puede realizar una invocación para invitar a Miguel a participar en la festividad, pidiéndole que llene el espacio con su luz y su paz. Esta invocación puede ser simple y sincera, como una expresión de amor y de respeto. Un ejemplo de invocación podría ser: "Arcángel Miguel, protector y guía, te invoco en este momento sagrado. Llena este espacio con tu luz y permite que tu paz y tu amor se manifiesten aquí. Hoy, en tu honor, renuevo mi compromiso de vivir en paz y en verdad. Que esta celebración sea un reflejo de mi devoción y de mi gratitud por tu presencia en mi vida." Esta invocación representa un llamado de apertura, una disposición a honrar a Miguel y a recibir su guía.

Para profundizar en la conexión con Miguel durante la celebración, el buscador puede encender una vela en su honor, permitiendo que su luz simbolice la presencia del arcángel y que ilumine el espacio con paz y con serenidad. Esta vela, al arder, representa la conexión entre el buscador y Miguel, un símbolo de la luz que él trae a la vida y de la protección que ofrece en cada momento. Al observar la llama, el buscador puede concentrarse en su intención y en su amor por Miguel, permitiendo que la energía de la festividad llene su ser y lo conecte con el propósito de la celebración.

Durante la festividad, el buscador puede también realizar una visualización en la que imagine que una luz azul desciende desde lo alto y rodea todo el espacio, llenándolo de paz y de protección. Esta luz, que representa la esencia de Miguel, forma un manto protector que envuelve a todos los presentes, creando un ambiente de paz y de equilibrio. Al visualizar esta luz, el buscador puede sentir cómo la presencia de Miguel se hace más fuerte, como si su paz y su fortaleza llenaran cada rincón del espacio y cada aspecto de su ser. Esta visualización actúa como un canal de conexión, un momento de silencio y de paz en el que el buscador se abre a la energía de Miguel y a la guía que él ofrece.

Para quienes celebran en grupo, es útil que cada persona exprese en voz alta o en silencio una intención o un agradecimiento dirigido a Miguel. Esta práctica de compartir en comunidad crea una vibración de unidad y de amor, una energía que eleva el espíritu de todos los presentes y que refuerza la conexión con Miguel. Al escuchar las palabras de los demás, el buscador puede sentir la presencia de Miguel actuando como un lazo de amor y de paz que une a todos, recordando que, en su papel de guardián, él vela por el bienestar y la armonía de la humanidad.

La repetición de afirmaciones es también una herramienta que fortalece la energía de la celebración y que permite que el buscador se sintonice con la paz y la protección de Miguel. Estas afirmaciones, pronunciadas con devoción y respeto, son una forma de anclar la intención de la festividad y de recordar el amor que Miguel ofrece. Algunas afirmaciones útiles pueden ser: "La luz de Miguel llena este espacio de paz y de protección," "Honro a Miguel con amor y con gratitud," o "Estoy en sintonía con la paz y la fortaleza que Miguel inspira." Al repetir estas palabras, el buscador eleva su vibración y permite que la energía de la festividad se ancle en su corazón y en su espíritu.

El contacto con la naturaleza puede ser una forma de celebrar la festividad en sintonía con el espíritu de Miguel. La naturaleza, en su pureza y equilibrio, es un reflejo de la paz y de la sabiduría divinas, y al pasar tiempo al aire libre durante la festividad, el buscador se abre a recibir la presencia de Miguel de manera natural. Al observar la belleza de los árboles, el cielo o el agua, el buscador puede sentir cómo la paz y la protección de Miguel lo rodean, recordándole que su presencia está siempre cerca y que el amor y la fortaleza que él ofrece están siempre al alcance.

Al finalizar la festividad, es fundamental expresar gratitud hacia Miguel por su presencia y su guía. Este acto de gratitud no solo fortalece la conexión con el arcángel, sino que también cierra el espacio sagrado, afirmando que la energía de la festividad continúa actuando en el buscador y en su vida. Agradecer es una forma de sellar la intención de la celebración y de recordar que Miguel, en su compasión, está siempre presente, ofreciendo su luz y su protección.

Celebrar festividades sagradas en honor a Miguel es una experiencia de amor y de devoción que permite al buscador recordar la presencia del arcángel y renovar su compromiso de vivir en paz y en coherencia con su propósito. Con cada celebración, el buscador descubre que honrar a Miguel no es solo un acto de veneración, sino una oportunidad de vivir en sintonía con los valores que él representa. Miguel, en su rol de protector, ofrece su luz como un regalo, una fuente de inspiración y de fortaleza que permite al buscador experimentar la paz y la sabiduría en cada aspecto de su vida. En su presencia, el buscador encuentra no solo guía y apoyo, sino también un recordatorio constante de que la luz divina está siempre presente, iluminando y protegiendo cada paso en el camino espiritual.

Capítulo 33
Enseñanzas Esotéricas de Miguel

Las enseñanzas esotéricas del Arcángel Miguel son un camino hacia los misterios y verdades espirituales que trascienden el entendimiento cotidiano. Miguel, en su papel como guardián y líder de la jerarquía angélica, transmite una sabiduría profunda que permite al buscador conectar con dimensiones superiores de conocimiento y experimentar la paz y la fortaleza que emanan de su presencia. Estas enseñanzas esotéricas no son meras doctrinas, sino experiencias y revelaciones que permiten al buscador expandir su conciencia, alinear su vida con principios sagrados y profundizar su relación con el universo y con lo divino.

Miguel, como maestro y protector, guía al buscador a través de conocimientos que iluminan el propósito del alma y enseñan la verdadera naturaleza del ser. Sus enseñanzas esotéricas tocan temas como la transmutación de la energía, la manifestación desde un estado elevado de conciencia, y el equilibrio entre el espíritu y el cuerpo. A través de su luz y su guía, el buscador descubre que la verdadera sabiduría no se encuentra solo en el conocimiento externo, sino en una conexión directa y vivencial con la esencia divina que habita en cada ser. Con Miguel, cada revelación es un paso hacia la paz interior, una invitación a vivir en comunión con el propósito universal.

Para comenzar el estudio de las enseñanzas esotéricas de Miguel, es esencial que el buscador cree un espacio de calma y de silencio, un lugar donde pueda conectar con su interior y abrirse a la energía del arcángel. Este espacio puede prepararse con velas de color azul o blanco, que simbolizan la pureza y la luz de

Miguel, así como con objetos que representen su energía, como cristales de lapislázuli o amatista, que ayudan a elevar la vibración. Este entorno sagrado actúa como un canal de conexión, un refugio donde el buscador puede concentrarse y prepararse para recibir la sabiduría que Miguel ofrece.

    El proceso puede iniciarse con una respiración profunda y consciente, una práctica que ayuda al buscador a calmar la mente y a preparar el cuerpo para recibir las enseñanzas. Con cada inhalación, puede imaginar que está absorbiendo la luz de Miguel, una energía que llena su ser de paz y de claridad. Con cada exhalación, puede visualizar que cualquier pensamiento o preocupación se disuelve, permitiendo que la mente se aquiete y que el espíritu se abra al conocimiento esotérico. Esta respiración consciente actúa como un puente hacia la presencia de Miguel, facilitando una conexión profunda y serena que permite que las enseñanzas se revelen de manera clara y sin interferencias.

    Una vez en un estado de calma, el buscador puede realizar una invocación para pedir la asistencia de Miguel en el proceso de aprendizaje de sus enseñanzas esotéricas. Esta invocación puede expresarse de manera sincera y simple, como una solicitud de guía y de comprensión. Un ejemplo de invocación podría ser: "Arcángel Miguel, guardián de la luz y la sabiduría divina, te invoco en este momento. Abro mi corazón y mi espíritu a tus enseñanzas y te pido que ilumines mi camino con tu verdad y tu paz. Que cada revelación sea una fuente de amor y de entendimiento, y que mi espíritu se eleve hacia la paz y la claridad que tú inspiras." Esta invocación representa un compromiso de abrirse a las verdades espirituales y de vivir en armonía con el conocimiento que Miguel transmite.

    Para profundizar en la conexión, el buscador puede visualizar una columna de luz azul que desciende desde lo alto y que lo rodea, creando un campo de paz y de claridad donde las enseñanzas pueden manifestarse. Esta luz representa la presencia de Miguel, una energía protectora y sanadora que le permite sentirse seguro y en paz mientras recibe el conocimiento. Al visualizar esta luz, el buscador puede sentir cómo su percepción se expande y cómo una paz profunda lo llena, preparándolo para recibir las enseñanzas. Esta luz azul es la manifestación de la sabiduría de Miguel, un símbolo de la paz y de la claridad que él inspira en cada búsqueda de conocimiento espiritual.

Un aspecto clave de las enseñanzas esotéricas de Miguel es la transmutación de la energía. Miguel enseña que toda energía, ya sea física, emocional o espiritual, puede transformarse en paz y en equilibrio cuando se le da una intención consciente. La transmutación es un acto de amor y de compasión hacia uno mismo, una práctica en la que el buscador convierte cualquier dolor o carga en paz y en serenidad. Con la ayuda de Miguel, el buscador aprende a canalizar su energía hacia fines elevados, a purificar sus pensamientos y a vivir en armonía con el flujo divino.

Otra enseñanza fundamental de Miguel es la práctica del discernimiento espiritual, una habilidad que permite al buscador diferenciar entre las energías que nutren y aquellas que desequilibran. Miguel, en su rol de protector, ayuda a desarrollar esta capacidad, permitiendo que el buscador reconozca la verdad y actúe en coherencia con sus valores espirituales. Este discernimiento no solo aplica a las situaciones externas, sino también a los pensamientos y emociones, ayudando al buscador a mantener su paz interior y a vivir de acuerdo con la sabiduría divina.

La repetición de afirmaciones es también una herramienta importante en el estudio de las enseñanzas esotéricas de Miguel. Estas afirmaciones, pronunciadas con confianza y sinceridad, ayudan a anclar el conocimiento en la conciencia y a recordar el propósito espiritual en cada momento. Algunas afirmaciones útiles pueden ser: "Estoy en sintonía con la sabiduría divina de Miguel," "Mi espíritu se eleva hacia el conocimiento y la paz," o "Acepto y honro las enseñanzas de Miguel en cada aspecto de mi vida." Al repetir estas palabras, el buscador fortalece su conexión con las enseñanzas esotéricas y permite que el conocimiento se manifieste en cada aspecto de su vida.

El contacto con la naturaleza es también una práctica que facilita el entendimiento de las enseñanzas de Miguel. La naturaleza, en su equilibrio y armonía, es un reflejo de la sabiduría divina y un canal de conexión con el universo. Al observar el flujo natural de la vida, el buscador puede entender los principios de transmutación, de paz y de unidad que Miguel enseña. Miguel, como guardián de la creación, inspira una comunión con la naturaleza, recordando que en cada árbol, en cada río y en cada estrella se encuentra la paz y la sabiduría que él representa.

Durante el día, en momentos en que el buscador necesite recordar las enseñanzas de Miguel, puede invocar de nuevo su presencia, pidiéndole que lo guíe y que lo llene de paz. Visualizar que la luz azul de Miguel rodea su ser y despeja cualquier pensamiento de duda o de inquietud permite que el buscador recupere su equilibrio y se sienta en paz con el conocimiento esotérico. Este acto de reconexión ayuda a recordar que Miguel está siempre presente, ofreciendo su guía y su apoyo en cada momento de necesidad.

Al finalizar cada práctica de estudio, es esencial expresar gratitud hacia Miguel por su guía y su sabiduría. Este acto de gratitud no solo fortalece la conexión con el arcángel, sino que también permite que el buscador ancle la experiencia en su conciencia, recordando que la sabiduría de Miguel es un regalo continuo. Agradecer es una forma de afirmar el compromiso de vivir en paz y en armonía con el propósito divino, recordando que la presencia de Miguel sigue actuando en cada aspecto de la vida.

Las enseñanzas esotéricas de Miguel son, en última instancia, un camino hacia el autoconocimiento y la paz interior. Con cada práctica, el buscador descubre que el verdadero conocimiento no es solo un conjunto de ideas, sino una experiencia de amor y de verdad que transforma cada aspecto de la vida. Miguel, en su rol de maestro y de guía, ofrece su luz como un camino hacia la sabiduría divina, permitiendo que el buscador experimente la paz y la serenidad que existen en su esencia más profunda. En su presencia, el buscador encuentra no solo conocimiento y comprensión, sino también un recordatorio de que la verdadera sabiduría es una comunión constante con la paz y la sabiduría del universo.

Capítulo 34
Preservando el Legado Espiritual

Preservar el legado espiritual del Arcángel Miguel es un acto de amor, respeto y compromiso con las enseñanzas y valores que él inspira. A través de los siglos, Miguel ha sido un símbolo de protección, justicia y paz, y su presencia ha guiado a innumerables almas en su camino hacia la verdad y la armonía. Conservar su legado no es solo una cuestión de devoción, sino también una misión de transmitir y mantener viva la esencia de su energía, para que las futuras generaciones puedan beneficiarse de su sabiduría y de su luz. Honrar este legado es una forma de vivir en sintonía con los principios que Miguel representa y de contribuir al bienestar espiritual de la humanidad.

El legado de Miguel es un recordatorio de que la paz y la justicia son principios que trascienden el tiempo, valores que continúan siendo esenciales en un mundo de constante cambio. Al preservar este legado, el buscador se convierte en un guardián de su luz, un canal a través del cual las enseñanzas de Miguel pueden seguir iluminando y guiando a otros. Este acto no es solo un acto externo, sino una transformación interna en la que el buscador se compromete a vivir en coherencia con los valores de Miguel y a reflejar su paz y su fortaleza en cada acción y decisión.

Para comenzar a trabajar en la preservación del legado de Miguel, es esencial que el buscador cree un espacio de paz y de conexión, un lugar donde pueda concentrarse y abrirse a la energía del arcángel. Este espacio puede estar adornado con una vela azul o blanca, símbolo de la luz de Miguel, así como con objetos que representen sus atributos, como una espada, que simboliza la justicia, o un cristal de lapislázuli, que ayuda a elevar la vibración y a conectar con la verdad. Este entorno sagrado actúa como un recordatorio de la presencia de Miguel y como un canal a través del cual el buscador puede sintonizarse con su energía y su legado.

El proceso puede iniciarse con una respiración profunda y consciente, una práctica que ayuda al buscador a aquietar su mente y a conectar con su interior. Con cada inhalación, puede imaginar que está absorbiendo la luz de Miguel, una energía que llena su ser de paz y de fortaleza. Con cada exhalación, puede visualizar que cualquier distracción o tensión se disuelve, dejando un espacio abierto y receptivo. Esta respiración consciente actúa como un puente hacia la presencia de Miguel, permitiendo que el buscador entre en un estado de paz y de claridad en el que puede conectarse con el legado del arcángel.

Una vez en un estado de calma, el buscador puede realizar una invocación para pedir la asistencia de Miguel en el proceso de preservar su legado. Esta invocación puede expresarse de manera sencilla y sincera, como un acto de apertura y de compromiso. Un ejemplo de invocación podría ser: "Arcángel Miguel, protector y guía, te invoco en este momento. Abro mi corazón y mi espíritu para recibir tu sabiduría y para preservar tu legado. Que mi vida sea un reflejo de tus valores y de tu paz, y que tu luz continúe guiando a quienes buscan la verdad." Esta invocación representa un compromiso de honrar y mantener viva la esencia de Miguel, permitiendo que su presencia se manifieste en cada aspecto de la vida.

Para profundizar en la conexión con el legado de Miguel, el buscador puede realizar una visualización en la que imagine una luz azul intensa que desciende desde lo alto y que lo rodea, llenando su ser con paz y con fortaleza. Esta luz representa la esencia de Miguel, una energía sanadora y protectora que inspira al buscador a vivir en coherencia con los valores del arcángel. Al visualizar esta luz, el buscador puede sentir cómo su espíritu se fortalece y cómo una paz profunda lo llena, permitiéndole alinearse con la misión de preservar el legado de Miguel y de vivir en armonía con su verdad.

Para quienes desean compartir el legado de Miguel, es útil llevar consigo un diario espiritual, un lugar donde puedan anotar las experiencias, las intuiciones y los mensajes que reciban en conexión con el arcángel. Este diario no solo sirve como un registro personal, sino también como una herramienta para transmitir las enseñanzas y las revelaciones a las futuras generaciones. Al compartir este conocimiento, el buscador se convierte en un guardián de la sabiduría de Miguel, alguien que no solo aprende, sino que también actúa como un canal de su luz en el mundo.

Otra práctica útil para preservar el legado de Miguel es la repetición de afirmaciones que reflejen su paz y su fortaleza. Estas afirmaciones, pronunciadas con devoción y sinceridad, ayudan a anclar los valores de Miguel en la conciencia y a recordar el compromiso de vivir en sintonía con su luz. Algunas afirmaciones útiles pueden ser: "La luz de Miguel guía cada aspecto de mi vida," "Estoy en paz y en armonía con los valores de Miguel," o "Mi vida es un reflejo de la paz y la justicia que Miguel inspira." Al repetir estas palabras, el buscador refuerza su conexión con el legado de Miguel y permite que su presencia se manifieste en cada acción y en cada pensamiento.

El contacto con la naturaleza es también una práctica que facilita la conexión con el legado de Miguel. La naturaleza, en su pureza y en su equilibrio, es un reflejo de la paz y de la sabiduría divinas, y al pasar tiempo al aire libre, el buscador puede sintonizarse con la energía de Miguel de manera natural. Al observar el equilibrio y la armonía de los elementos, el buscador recuerda la importancia de vivir en paz y de honrar los principios universales que Miguel representa. Miguel, como guardián de la creación, inspira una comunión con la naturaleza que permite que el buscador se reconecte con su misión y con la paz que él inspira.

Durante el día, en momentos en que el buscador necesite recordar su compromiso con el legado de Miguel, puede invocar de nuevo su presencia, pidiéndole que lo llene de paz y de fortaleza. Visualizar que la luz azul de Miguel rodea su ser y despeja cualquier pensamiento de duda o de inquietud permite que el buscador recupere su equilibrio y se sienta en paz con su misión. Este acto de reconexión fortalece el compromiso de honrar el legado de Miguel y recuerda al buscador que su vida es un reflejo de los valores y de la paz que él inspira.

Al finalizar cada práctica de conexión, es fundamental expresar gratitud hacia Miguel por su guía y su sabiduría. Este acto de gratitud no solo refuerza la conexión con el arcángel, sino que también permite que el buscador ancle la experiencia en su conciencia, recordando que preservar el legado de Miguel es un compromiso constante. Agradecer es una forma de afirmar el propósito de vivir en paz y en armonía, recordando que la presencia de Miguel sigue actuando en cada aspecto de la vida y que su luz continúa guiando y protegiendo en el camino espiritual.

Preservar el legado espiritual de Miguel es, en última instancia, un camino de transformación y de servicio. Con cada práctica, el buscador descubre que honrar a Miguel no es solo recordar sus enseñanzas, sino vivir en coherencia con sus principios, convirtiéndose en un canal de su luz en el mundo. Miguel, en su rol de protector y de guía, ofrece su paz y su fortaleza como un regalo, una fuente de inspiración que permite al buscador vivir en sintonía con el amor y con la verdad. En su presencia, el buscador encuentra no solo guía y apoyo, sino también un recordatorio de que la verdadera sabiduría es un acto de amor y de paz, una experiencia de comunión con el universo y con la esencia divina.

Capítulo 35
Milagros e Intervenciones Divinas

Los milagros y las intervenciones divinas del Arcángel Miguel son manifestaciones de su poder y de su amor protector, recordatorios de que la ayuda celestial siempre está al alcance de quienes lo invocan con fe y sinceridad. A lo largo de la historia, existen numerosos relatos de personas que han experimentado el apoyo milagroso de Miguel en momentos de necesidad, sintiendo su presencia como una fuerza protectora que los ha librado de peligros, sanado sus heridas y transformado sus vidas. Estas intervenciones, aunque sobrenaturales, muestran la cercanía de Miguel con la humanidad y su inquebrantable compromiso de guiar y proteger a quienes buscan su ayuda.

Cada milagro asociado a Miguel es una manifestación de la compasión divina, una respuesta a las oraciones sinceras de quienes enfrentan desafíos o dificultades. En su rol de defensor, Miguel actúa como un canal de la voluntad divina, trayendo paz y protección en situaciones en las que el ser humano necesita guía y fortaleza. Estos milagros e intervenciones son un recordatorio de que la fe y la devoción tienen el poder de abrir puertas hacia lo sagrado, permitiendo que la ayuda de Miguel se manifieste de formas que desafían el entendimiento ordinario y fortalecen el espíritu del buscador.

Para quienes desean acercarse a Miguel y experimentar su intervención divina, es esencial crear un espacio de devoción y de apertura, un lugar donde puedan aquietarse y establecer una conexión profunda con el arcángel. Este espacio puede prepararse con una vela azul o blanca, que simboliza la luz protectora de

Miguel, y con cristales de amatista o cuarzo claro, que ayudan a elevar la energía y a sintonizar con la presencia divina. Al crear este entorno, el buscador establece un ambiente sagrado donde puede abrir su corazón y expresar sus intenciones con claridad y sinceridad.

El primer paso en la solicitud de una intervención divina es expresar una intención pura y honesta, un pedido que nazca de lo más profundo del espíritu y que refleje la verdadera necesidad de ayuda. Este pedido no necesita ser elaborado ni perfecto; basta con que sea sincero y que surja desde el corazón. Al expresar esta intención, el buscador abre un canal de comunicación con Miguel, demostrando su disposición a recibir su guía y su ayuda. Esta intención, cuando se pronuncia con fe y con humildad, permite que la energía de Miguel fluya y que su intervención se manifieste en la vida del buscador.

Una vez establecida la intención, el buscador puede realizar una invocación para solicitar la presencia de Miguel y su intervención en la situación que enfrenta. Esta invocación puede ser simple y clara, como una expresión de confianza en el poder de Miguel y en su amor protector. Un ejemplo de invocación podría ser: "Arcángel Miguel, defensor de la paz y la justicia, te invoco en este momento. Te pido que llenes este espacio con tu luz y que intervengas en mi vida, otorgándome la protección y la guía que necesito. Confío en tu amor y en tu poder, y abro mi corazón a recibir tu ayuda y tu paz." Esta invocación representa un acto de entrega y de fe, una disposición a aceptar la ayuda de Miguel y a abrirse a su milagrosa intervención.

Para reforzar la conexión, el buscador puede visualizar una luz azul intensa que lo rodea, formando un manto de protección y de paz que lo envuelve por completo. Esta luz representa la presencia de Miguel, una energía que disuelve el miedo y que llena el ser de confianza y de serenidad. Al visualizar esta luz, el buscador puede sentir cómo su espíritu se calma y cómo una paz profunda lo llena, permitiéndole experimentar la seguridad de la intervención de Miguel. Esta visualización actúa como un recordatorio de que la presencia de Miguel es una constante, una fuente de amor y de protección que se manifiesta en cada instante de la vida.

Para quienes buscan experimentar los milagros de Miguel, la práctica de la gratitud es una herramienta poderosa que abre el corazón y permite que la energía fluya con mayor intensidad. Expresar gratitud a Miguel, no solo por los milagros que ya se han recibido, sino también por aquellos que aún están por manifestarse, permite que el buscador mantenga una actitud de fe y de apertura. Esta gratitud, cuando se expresa con sinceridad, actúa como un imán que atrae las bendiciones y que fortalece la conexión con Miguel, recordando que cada intervención divina es un acto de amor y de compasión.

Otra práctica útil para sintonizarse con los milagros de Miguel es la repetición de afirmaciones de fe y de protección. Estas afirmaciones, pronunciadas con devoción y confianza, ayudan a recordar el poder de Miguel y a mantener viva la esperanza en su intervención. Algunas afirmaciones útiles pueden ser: "Estoy rodeado de la protección divina de Miguel," "Confío en el poder y en el amor de Miguel para guiarme y protegerme," o "Recibo la intervención divina de Miguel con paz y gratitud." Al repetir estas palabras, el buscador fortalece su fe en el poder de Miguel y permite que su presencia actúe de manera profunda en su vida.

El contacto con la naturaleza es también una práctica que facilita la conexión con los milagros de Miguel. La naturaleza, en su armonía y pureza, es un reflejo de la paz y de la sabiduría divinas, y al pasar tiempo al aire libre, el buscador puede abrirse a recibir la ayuda de Miguel de manera natural. Al observar la belleza de los árboles, el cielo o el agua, el buscador recuerda que la ayuda divina está siempre cerca y que los milagros son una manifestación constante de la voluntad de Miguel de cuidar y proteger a cada ser.

Durante el día, en momentos en que el buscador necesite recordar la intervención de Miguel, puede invocar su presencia, pidiéndole que lo rodee con su luz y que lo guíe. Visualizar que la luz azul de Miguel llena cada rincón de su ser y despeja cualquier pensamiento de inquietud permite que el buscador recupere su paz y su confianza, recordando que cada desafío es una oportunidad de recibir la ayuda divina. Este acto de reconexión fortalece la relación con Miguel y recuerda al buscador que, en cada momento, tiene acceso a su protección y a su amor.

Al finalizar cada práctica de conexión, es esencial expresar gratitud hacia Miguel por su guía y por los milagros que ha manifestado. Este acto de gratitud no solo fortalece la conexión con el arcángel, sino que también ancla la experiencia en el corazón del buscador, recordándole que cada intervención divina es un regalo de amor. Agradecer es una manera de afirmar el compromiso de vivir en paz y en armonía, sabiendo que la presencia de Miguel continúa protegiendo y guiando en cada paso del camino.

Los milagros y las intervenciones divinas de Miguel son un recordatorio de que la ayuda celestial siempre está disponible y de que la fe y la devoción tienen el poder de transformar la vida. Con cada práctica, el buscador descubre que los milagros no son solo eventos extraordinarios, sino manifestaciones del amor y de la paz que Miguel trae a la vida cotidiana. Miguel, en su rol de protector y de guía, ofrece su luz como un canal de transformación y de esperanza, permitiendo que el buscador experimente la paz y la fortaleza que existen en su esencia más profunda. En su presencia, el buscador encuentra no solo ayuda y protección, sino también un recordatorio de que la verdadera fe es un acto de amor y de entrega, una experiencia de comunión con lo divino.

Capítulo 36
Armonizándose con los Ciclos

Armonizarse con los ciclos cósmicos y estacionales bajo la guía del Arcángel Miguel es un viaje hacia la comprensión de los ritmos naturales y de la energía divina que fluye a través de todo. La vida, como el universo mismo, está llena de ciclos: las estaciones, las fases de la luna, los movimientos de los astros y los períodos de crecimiento y descanso. Miguel, con su luz y su sabiduría protectora, ayuda al buscador a alinearse con estos ciclos, enseñándole a reconocer y a utilizar las energías de cada etapa para encontrar equilibrio y paz. La armonización con los ciclos es una invitación a fluir con el universo, permitiendo que cada fase de la vida se convierta en una oportunidad de aprendizaje y de transformación.

Miguel, en su rol de protector y de guía, actúa como un puente entre el buscador y el universo, mostrando cómo cada ciclo natural refleja procesos internos de renovación y crecimiento. Al trabajar con Miguel, el buscador aprende a reconocer el momento adecuado para sembrar, para cosechar, para descansar y para renacer, conectándose con los ritmos de la naturaleza y sintonizando sus acciones con la energía de cada fase. Este proceso de armonización no solo aporta paz, sino también una sensación de propósito, recordando al buscador que la vida es un flujo constante en el que cada etapa tiene su propia belleza y su valor espiritual.

Para comenzar la práctica de armonización con los ciclos, es fundamental que el buscador cree un espacio de calma y de conexión, un lugar donde pueda abrirse a la energía de Miguel y a la influencia de los ritmos naturales. Este espacio puede decorarse con símbolos que representen los elementos de la naturaleza, como piedras, hojas, flores o una vela que simbolice la luz de Miguel. Estos elementos ayudan al buscador a sintonizarse con la tierra, el agua, el fuego y el aire, recordando que cada ciclo está interconectado y que cada elemento desempeña un papel en el equilibrio universal. Este entorno actúa como un canal de conexión, permitiendo que el buscador se abra a la influencia de los ciclos y a la guía de Miguel.

El proceso de sintonización puede iniciarse con una respiración profunda y consciente, una práctica que permite al buscador calmar la mente y conectarse con el momento presente. Con cada inhalación, puede imaginar que está absorbiendo la luz de Miguel, una energía que lo llena de paz y de armonía. Con cada exhalación, puede visualizar que cualquier tensión o preocupación se disuelve, dejando un espacio abierto y receptivo. Esta respiración consciente actúa como un puente hacia la paz interior, ayudando al buscador a sintonizarse con la calma de Miguel y a abrirse a la influencia de los ciclos naturales.

Una vez en un estado de calma, el buscador puede realizar una invocación para pedir la ayuda de Miguel en el proceso de armonización con los ciclos. Esta invocación puede expresarse de manera sincera y sencilla, como una solicitud de guía y de equilibrio. Un ejemplo de invocación podría ser: "Arcángel Miguel, protector de la paz y la sabiduría, te invoco en este momento. Ayúdame a sintonizarme con los ciclos del universo y a encontrar equilibrio en cada fase de mi vida. Que tu luz me guíe en cada paso y que me permita vivir en armonía con los ritmos naturales y divinos." Esta invocación representa un compromiso de vivir en sintonía con los ciclos y de fluir con el propósito divino en cada etapa de la vida.

Para profundizar en la conexión, el buscador puede realizar una visualización en la que imagine que una luz azul intensa desciende desde lo alto y lo rodea, creando un campo de paz y de equilibrio que lo envuelve. Esta luz, que representa la presencia de Miguel, forma un manto protector que llena el ser de serenidad y que lo conecta con el flujo de los ciclos cósmicos. Al visualizar esta luz, el buscador puede sentir cómo su espíritu se alinea con el ritmo universal, como si cada aspecto de su ser se armonizara con el pulso de la vida. Esta visualización actúa como un ancla que permite que el buscador se sienta en paz con cada fase y que experimente la presencia de Miguel en cada cambio de ciclo.

Para quienes desean profundizar en la práctica de armonización, es útil llevar un diario de los ciclos naturales, anotando observaciones sobre las estaciones, las fases de la luna y los cambios en la energía del entorno. Este diario se convierte en un espejo de la conexión del buscador con los ritmos naturales y en una herramienta que le permite comprender cómo cada ciclo influye en su vida y en su estado de ánimo. Miguel, en su rol de guía, inspira esta práctica, ayudando al buscador a ver la belleza y el propósito de cada fase y a vivir en sintonía con el flujo de la creación.

La repetición de afirmaciones es también una herramienta poderosa para anclar la intención de armonización con los ciclos. Estas afirmaciones, pronunciadas con confianza y devoción, ayudan al buscador a recordar su conexión con los ritmos universales y a vivir en paz con cada fase de la vida. Algunas afirmaciones útiles pueden ser: "Estoy en armonía con los ciclos de la naturaleza y del universo," "Confío en que Miguel me guía en cada fase de mi vida," o "Fluyo con paz y con equilibrio en cada cambio de ciclo." Al repetir estas palabras, el buscador fortalece su intención de vivir en sintonía con el propósito divino y permite que la influencia de Miguel lo guíe en cada momento.

El contacto con la naturaleza es otra práctica fundamental para armonizarse con los ciclos. La naturaleza, en su equilibrio y en su sabiduría, es un reflejo de los ritmos cósmicos y de la paz que Miguel representa. Al pasar tiempo al aire libre, el buscador se abre a recibir la energía de los ciclos y a comprender la belleza de cada estación. Miguel, como guardián de la creación, encuentra en la naturaleza un medio para inspirar paz y para recordar que cada fase tiene su momento, y que en cada cambio de ciclo existe una oportunidad de crecimiento y de transformación.

Durante el día, en momentos en que el buscador sienta la necesidad de reconectar con los ciclos, puede invocar de nuevo la presencia de Miguel, pidiéndole que lo rodee con su luz y que lo guíe. Visualizar que la luz azul de Miguel llena su ser y despeja cualquier sensación de desequilibrio permite que el buscador recupere su paz y su armonía, recordando que su vida está en sintonía con el flujo universal. Este acto de reconexión fortalece la relación con Miguel y recuerda al buscador que la armonía es un estado constante, una elección de vivir en paz con el universo y con uno mismo.

Al finalizar cada práctica de conexión, es importante expresar gratitud hacia Miguel por su guía y por la paz que inspira. Este acto de gratitud no solo fortalece la conexión con el arcángel, sino que también permite que el buscador ancle la experiencia de armonización en su conciencia, recordando que cada ciclo es una oportunidad de crecimiento y de renovación. Agradecer es una forma de afirmar el compromiso de vivir en sintonía con el universo y de recordar que la presencia de Miguel continúa guiando y protegiendo en cada fase de la vida.

Armonizarse con los ciclos con la ayuda de Miguel es un camino de paz y de autoconocimiento. Con cada práctica, el buscador descubre que cada cambio de fase no es un obstáculo, sino una oportunidad de aprender y de profundizar en su relación con lo divino. Miguel, en su rol de guía y de protector, ofrece su luz como un faro que ilumina cada ciclo, permitiendo que el buscador experimente la paz y la serenidad que existen en su esencia más profunda. En su presencia, el buscador encuentra no solo guía y apoyo, sino también un recordatorio de que la verdadera armonía es un acto de aceptación y de conexión con el flujo de la vida, una experiencia de unión con el universo y con la esencia divina.

Capítulo 37
Manifestando la Abundancia

Manifestar abundancia con la ayuda del Arcángel Miguel es un proceso de apertura y de sintonía con la energía del universo, una invitación a vivir en coherencia con el flujo de la prosperidad divina que rodea a cada ser. Miguel, en su rol de protector y guía, ofrece su luz y su fortaleza para que el buscador abra su vida a la abundancia en todas sus formas: material, emocional y espiritual. Esta abundancia no es solo la obtención de bienes o logros, sino una experiencia de plenitud y de paz, un estado en el que el buscador se siente completo, satisfecho y alineado con su propósito más elevado.

La abundancia, como principio espiritual, representa la capacidad de vivir en sintonía con el amor y la generosidad del universo. Miguel enseña que la verdadera abundancia nace de un corazón abierto, de un espíritu agradecido y de una intención pura. Con su guía, el buscador aprende a liberar las creencias limitantes y a confiar en que el universo tiene una provisión infinita para todos, permitiendo que esta energía fluya libremente hacia su vida. La manifestación de la abundancia es, en última instancia, un acto de fe y de conexión, una disposición a recibir lo que el universo ofrece con humildad y gratitud.

Para comenzar a trabajar en la manifestación de la abundancia, es esencial que el buscador cree un espacio de paz y de apertura, un lugar donde pueda concentrarse en sus intenciones y sintonizarse con la energía de Miguel. Este espacio puede estar adornado con una vela dorada o azul, que simboliza la luz de Miguel y la energía de la prosperidad, así como con cristales que favorezcan la abundancia, como el citrino o el cuarzo verde. Este entorno sagrado actúa como un canal de conexión, un lugar donde el buscador puede liberar cualquier miedo o duda y abrirse a recibir la abundancia que el universo tiene para ofrecerle.

El primer paso en la manifestación de la abundancia es establecer una intención clara y sincera, un deseo que refleje la verdadera necesidad del corazón y que esté alineado con el bien mayor. Esta intención no debe basarse en deseos egoístas, sino en un anhelo genuino de bienestar, de paz y de equilibrio. Al expresar esta intención, el buscador demuestra su disposición a recibir y su compromiso de vivir en armonía con la abundancia universal. Esta intención, cuando se pronuncia con amor y con fe, abre el canal de la prosperidad y permite que la energía de Miguel fluya hacia el buscador.

Una vez establecida la intención, el buscador puede realizar una invocación para pedir la asistencia de Miguel en el proceso de manifestación. Esta invocación puede expresarse de manera sencilla y sincera, como una solicitud de guía y de apoyo en la apertura al flujo de abundancia. Un ejemplo de invocación podría ser: "Arcángel Miguel, guardián de la paz y de la prosperidad, te invoco en este momento. Ayúdame a abrir mi vida a la abundancia divina y a recibir con gratitud las bendiciones del universo. Que tu luz ilumine mi camino y me permita vivir en paz y en armonía con la abundancia que el universo ofrece." Esta invocación representa una disposición de apertura y de fe, un compromiso de recibir la abundancia con humildad y con agradecimiento.

Para profundizar en la conexión, el buscador puede realizar una visualización en la que imagine una luz dorada y azul que desciende desde lo alto y lo rodea, creando un campo de paz y de abundancia. Esta luz, que representa la presencia de Miguel y la energía de la prosperidad, forma un manto protector que llena el ser de confianza y de serenidad, permitiéndole abrirse plenamente al flujo de la abundancia. Al visualizar esta luz, el buscador puede sentir cómo su espíritu se expande y cómo una paz profunda lo llena, preparándolo para recibir las bendiciones del universo. Esta visualización actúa como un ancla que le recuerda que la abundancia está siempre disponible y que Miguel lo guía en cada paso del camino.

Otra práctica útil para manifestar abundancia es la repetición de afirmaciones de prosperidad y de gratitud. Estas afirmaciones, pronunciadas con fe y con intención, ayudan a anclar la energía de la abundancia en la conciencia y a recordar que el buscador merece recibir las bendiciones que el universo tiene para ofrecer. Algunas afirmaciones útiles pueden ser: "Estoy abierto a la abundancia divina en todas sus formas," "Confío en que Miguel me guía hacia la prosperidad y la paz," o "Recibo la abundancia del universo con gratitud y amor." Al repetir estas palabras, el buscador refuerza su intención de vivir en armonía con la prosperidad y permite que esta energía se manifieste en cada aspecto de su vida.

El contacto con la naturaleza es también una práctica que facilita la conexión con la abundancia. La naturaleza, en su generosidad y en su equilibrio, es un reflejo de la abundancia divina, y al pasar tiempo al aire libre, el buscador puede sintonizarse con la energía de la prosperidad de manera natural. Miguel, como guardián de la creación, inspira una comunión con la naturaleza que recuerda al buscador que la abundancia no es solo una posesión, sino un estado de gratitud y de paz que se experimenta en cada respiración y en cada momento de conexión con lo natural.

Durante el día, en momentos en que el buscador necesite recordar la energía de la abundancia, puede invocar de nuevo la presencia de Miguel, pidiéndole que lo rodee con su luz y que lo guíe en el camino de la prosperidad. Visualizar que la luz dorada de Miguel llena su ser y despeja cualquier pensamiento de carencia permite que el buscador recupere su paz y su confianza, recordando que la abundancia es un flujo constante que siempre está disponible. Este acto de reconexión fortalece la relación con Miguel y recuerda al buscador que la prosperidad no es solo un objetivo, sino un estado de apertura y de gratitud.

Al finalizar cada práctica de manifestación, es esencial expresar gratitud hacia Miguel por su guía y por la abundancia que ha traído a la vida. Este acto de gratitud no solo fortalece la conexión con el arcángel, sino que también ancla la experiencia de prosperidad en el corazón del buscador, recordándole que cada bendición es un regalo de amor. Agradecer es una forma de afirmar el compromiso de vivir en paz y en armonía con la abundancia, recordando que la presencia de Miguel continúa guiando y protegiendo en cada paso del camino.

Manifestar abundancia con la ayuda de Miguel es un camino de apertura y de transformación que permite al buscador experimentar la paz y la plenitud en cada aspecto de su vida. Con cada práctica, el buscador descubre que la abundancia no es solo una acumulación de bienes, sino una expresión de gratitud y de paz que nace del espíritu y que se extiende a todo lo que lo rodea. Miguel, en su rol de guía y de protector, ofrece su luz como un canal de prosperidad, permitiendo que el buscador experimente la paz y la serenidad que existen en su esencia más profunda. En su presencia, el buscador encuentra no solo guía y apoyo, sino también un recordatorio de que la verdadera abundancia es un estado de conexión y de amor con el universo y con la esencia divina.

Capítulo 38
Encontrando Apoyo en las Transiciones

Las transiciones son momentos de cambio, de cierre y de apertura hacia nuevas etapas de la vida. Encontrar apoyo en estas transiciones, con la ayuda del Arcángel Miguel, es una forma de navegar estos procesos con paz, fortaleza y confianza en el propósito divino. Miguel, como guía y protector, ofrece su luz para que el buscador abrace estos cambios como oportunidades de crecimiento y de autodescubrimiento. Su presencia estabilizadora y protectora permite al buscador enfrentar las transiciones con el corazón abierto y con la certeza de que cada transformación forma parte de un plan más amplio, diseñado para llevarlo a una mayor armonía con su propósito espiritual.

Las transiciones pueden tomar muchas formas: desde el cambio de carrera, una mudanza, la pérdida de un ser querido, hasta la evolución espiritual interna. Miguel, en su rol de protector y defensor, apoya en cada tipo de transición, recordando que ningún cambio es casual y que cada fase trae consigo lecciones y oportunidades. Al trabajar con Miguel, el buscador descubre que las transiciones no son un final, sino un puente hacia nuevos comienzos, una puerta hacia la expansión de la conciencia y el fortalecimiento del espíritu.

Para comenzar a buscar apoyo en las transiciones, es fundamental que el buscador cree un espacio de calma y de seguridad, un lugar donde pueda abrirse a la energía de Miguel y expresar sus temores o deseos respecto al cambio. Este espacio puede estar decorado con una vela azul, símbolo de la presencia protectora de Miguel, y con cristales de amatista o cuarzo claro, que ayudan a elevar la vibración y a conectar con la paz interior. Este entorno sagrado actúa como un canal de conexión, un refugio donde el buscador puede aquietarse y abrir su corazón a la guía de Miguel durante el proceso de transición.

El primer paso en la búsqueda de apoyo en las transiciones es expresar una intención de apertura y de confianza, una disposición a aceptar el cambio y a ver las oportunidades que este ofrece. Esta intención no necesita ser compleja ni formal; basta con que sea sincera y que refleje el deseo de fluir con el proceso de cambio. Al expresar esta intención, el buscador demuestra su disposición a recibir la ayuda de Miguel y a encontrar paz en medio de la transformación. Esta intención, cuando se pronuncia con fe y con humildad, permite que la energía de Miguel fluya y que su luz rodee al buscador en cada paso de la transición.

Una vez establecida la intención, el buscador puede realizar una invocación para pedir la presencia y el apoyo de Miguel durante la transición. Esta invocación puede expresarse de manera sencilla y sincera, como un llamado a la protección y a la guía. Un ejemplo de invocación podría ser: "Arcángel Miguel, protector de los cambios y defensor de la paz, te invoco en este momento. Te pido que llenes este espacio con tu luz y que me apoyes en esta transición. Que tu presencia me brinde paz, claridad y fortaleza, y que me ayude a ver el propósito divino detrás de cada cambio en mi vida." Esta invocación representa un acto de entrega y de fe, una disposición a aceptar el cambio y a recibir la protección de Miguel.

Para profundizar en la conexión, el buscador puede realizar una visualización en la que imagine una luz azul intensa que lo rodea, formando un campo de paz y de estabilidad que lo envuelve. Esta luz representa la presencia de Miguel, una energía que calma cualquier inquietud y que llena el espíritu de confianza y de serenidad. Al visualizar esta luz, el buscador puede sentir cómo su ser se fortalece y cómo una paz profunda lo envuelve, preparándolo para enfrentar el cambio con coraje y con equilibrio. Esta visualización actúa como un recordatorio de que la presencia de Miguel es una constante, una fuente de apoyo y de guía en cada momento de transición.

Para quienes atraviesan cambios significativos, la repetición de afirmaciones de paz y de aceptación es una herramienta poderosa para anclar la intención de encontrar apoyo en Miguel. Estas afirmaciones, pronunciadas con fe y con intención, ayudan a recordar la protección de Miguel y a mantener una actitud de confianza en el proceso de cambio. Algunas afirmaciones útiles pueden ser: "Estoy en paz con cada transición de mi vida," "Confío en que Miguel me guía y me apoya en cada cambio," o "Recibo el apoyo de Miguel con gratitud y con fe." Al repetir estas palabras, el buscador refuerza su disposición a aceptar el cambio y permite que la energía de Miguel actúe en cada aspecto de su vida.

El contacto con la naturaleza es también una práctica que facilita la conexión con Miguel durante las transiciones. La naturaleza, en su constante flujo y transformación, es un reflejo de la paz y de la sabiduría divinas, y al pasar tiempo al aire libre, el buscador se sintoniza con el ritmo natural del cambio y se abre a recibir el apoyo de Miguel. Al observar el ciclo de las estaciones, el crecimiento de las plantas o el fluir del agua, el buscador puede recordar que cada transición es una parte esencial del proceso de crecimiento y que, en cada cambio, existe una oportunidad de renacer y de redescubrir el propósito.

Durante el día, en momentos en que el buscador necesite apoyo adicional para enfrentar la transición, puede invocar de nuevo la presencia de Miguel, pidiéndole que lo rodee con su luz y que lo guíe. Visualizar que la luz azul de Miguel llena su ser y despeja cualquier pensamiento de duda o de miedo permite que el buscador recupere su paz y su confianza, recordando que cada cambio es una parte del plan divino. Este acto de reconexión fortalece la relación con Miguel y recuerda al buscador que, en cada transición, tiene acceso a su protección y a su amor.

Al finalizar cada práctica de conexión, es importante expresar gratitud hacia Miguel por su guía y por el apoyo que ha brindado en el proceso de cambio. Este acto de gratitud no solo refuerza la conexión con el arcángel, sino que también permite que el buscador ancle la experiencia de paz en su corazón, recordándole que cada transición es un regalo de crecimiento. Agradecer es una forma de afirmar el compromiso de vivir en paz y en armonía con cada cambio, recordando que la presencia de Miguel continúa guiando y protegiendo en cada etapa de la vida.

Encontrar apoyo en las transiciones con la ayuda de Miguel es, en última instancia, una oportunidad de crecimiento y de autodescubrimiento. Con cada práctica, el buscador descubre que los cambios no son interrupciones, sino caminos hacia un mayor conocimiento de sí mismo y hacia una vida en armonía con el propósito divino. Miguel, en su rol de guía y de protector, ofrece su luz como un canal de estabilidad, permitiendo que el buscador experimente la paz y la fortaleza que existen en su esencia más profunda. En su presencia, el buscador encuentra no solo guía y apoyo, sino también un recordatorio de que cada transición es una oportunidad de renacer y de expandir su conexión con el universo y con la esencia divina.

Capítulo 39
Percepción Multidimensional

La percepción multidimensional, guiada por el Arcángel Miguel, es una habilidad espiritual que permite al buscador expandir su conciencia más allá de la realidad física y abrirse a otras dimensiones de existencia. Estas dimensiones no son simplemente lugares lejanos, sino estados de ser y niveles de percepción que existen simultáneamente con el mundo material. Miguel, en su rol de protector y guía, ofrece su luz para que el buscador explore estos niveles de conciencia con seguridad y claridad, ayudándolo a experimentar la unidad de toda la creación y a comprender que la realidad va más allá de lo visible y lo tangible.

Miguel, como guardián de los viajeros espirituales, enseña que la percepción multidimensional no se trata de "ver" en el sentido físico, sino de abrir el corazón y el espíritu para recibir impresiones, sensaciones y mensajes de los niveles superiores. En estas dimensiones, el buscador puede encontrarse con guías, con seres de luz, y con aspectos profundos de su propio ser que le brindan sabiduría y comprensión. La percepción multidimensional es un don espiritual que amplía la visión de la vida y permite que el buscador viva con una mayor paz, entendimiento y sentido de propósito.

Para comenzar a desarrollar la percepción multidimensional, es esencial que el buscador cree un espacio de calma y de enfoque, un lugar donde pueda aquietarse y abrirse a la energía de Miguel. Este espacio puede estar decorado con una vela azul o blanca, que simbolice la luz de Miguel y la claridad de la percepción, así como con cristales de amatista, lapislázuli o cuarzo, que ayudan a elevar la vibración y a sintonizar con los niveles superiores. Este entorno sagrado actúa como un canal de conexión, un refugio donde el buscador puede concentrarse y prepararse para explorar otras dimensiones de la conciencia.

El proceso puede iniciarse con una respiración profunda y consciente, una práctica que ayuda al buscador a aquietar su mente y a relajar su cuerpo. Con cada inhalación, puede imaginar que está absorbiendo la luz de Miguel, una energía que lo llena de paz y que expande su percepción. Con cada exhalación, puede visualizar que cualquier tensión o distracción se disuelve, dejando un espacio claro y abierto. Esta respiración consciente actúa como un puente hacia los niveles superiores de conciencia, ayudando al buscador a entrar en un estado de paz y de apertura donde la percepción multidimensional puede manifestarse.

Una vez en un estado de calma, el buscador puede realizar una invocación para pedir la asistencia de Miguel en el proceso de expansión de su percepción. Esta invocación puede expresarse de manera sincera y simple, como un acto de apertura a los niveles superiores de conciencia. Un ejemplo de invocación podría ser: "Arcángel Miguel, protector de los viajeros espirituales, te invoco en este momento. Ayúdame a expandir mi percepción y a abrirme a las dimensiones superiores con paz y con claridad. Que tu luz me guíe y me proteja en este viaje de conciencia y que me permita recibir la sabiduría de los niveles espirituales." Esta invocación representa un compromiso de explorar la realidad espiritual y de abrirse a la percepción multidimensional con seguridad y con fe.

Para profundizar en la conexión, el buscador puede realizar una visualización en la que imagine que una luz azul intensa lo rodea y lo eleva, como si flotara en un campo de energía pura y protectora. Esta luz representa la esencia de Miguel, una energía que expande la percepción y que permite ver más allá del plano físico. Al visualizar esta luz, el buscador puede sentir cómo su percepción se expande y cómo una paz profunda lo llena, preparándolo para recibir impresiones y mensajes de los niveles superiores. Esta visualización actúa como un ancla que permite que el buscador explore con confianza y que experimente la paz que trae la guía de Miguel en cada dimensión.

Otra técnica útil para desarrollar la percepción multidimensional es la práctica de la meditación en silencio, una técnica que permite al buscador aquietar su mente y abrirse a la energía sutil de los niveles superiores. En esta meditación, el buscador puede concentrarse en la presencia de Miguel, sintiendo su paz y su protección, y permitiendo que cualquier pensamiento se disuelva en el silencio. Esta práctica de silencio permite que el buscador perciba las impresiones y las energías de las dimensiones espirituales, sintiendo cómo su ser se abre y se expande hacia la paz y la claridad de la realidad multidimensional.

La repetición de afirmaciones también es una herramienta poderosa para fortalecer la intención de abrirse a la percepción multidimensional. Estas afirmaciones, pronunciadas con confianza y con devoción, ayudan a anclar la energía de la expansión en la conciencia y a recordar que el buscador está protegido y guiado en su viaje espiritual. Algunas afirmaciones útiles pueden ser: "Estoy abierto a la percepción multidimensional con la guía de Miguel," "Confío en que Miguel me guía y me protege en cada nivel de conciencia," o "Recibo la sabiduría de las dimensiones superiores con paz y con amor." Al repetir estas palabras, el buscador refuerza su intención de vivir en sintonía con los niveles superiores de conciencia y permite que esta percepción se manifieste en cada aspecto de su vida.

El contacto con la naturaleza es otra práctica que facilita la conexión con las dimensiones superiores. La naturaleza, en su equilibrio y en su pureza, es un reflejo de la paz y de la sabiduría de los niveles espirituales, y al pasar tiempo al aire libre, el buscador se sintoniza con la armonía y con la claridad que emanan de la creación. Al observar la belleza de los árboles, el fluir del agua o el silencio del cielo, el buscador puede abrirse a recibir impresiones sutiles, recordando que la realidad es mucho más vasta y profunda de lo que puede verse. Miguel, como guardián de la paz, inspira una comunión con la naturaleza que permite que el buscador perciba la paz y la sabiduría que existen en cada dimensión.

Durante el día, en momentos en que el buscador necesite reconectar con los niveles superiores de conciencia, puede invocar de nuevo la presencia de Miguel, pidiéndole que lo rodee con su luz y que lo guíe en el camino de la percepción espiritual. Visualizar que la luz azul de Miguel llena su ser y despeja cualquier sensación de duda o de miedo permite que el buscador recupere su paz y su confianza, recordando que cada dimensión es una parte de la creación divina. Este acto de reconexión fortalece la relación con Miguel y recuerda al buscador que la percepción multidimensional es una habilidad que todos poseen y que puede desarrollarse con fe y con práctica.

Al finalizar cada práctica de exploración, es fundamental expresar gratitud hacia Miguel por su guía y por la paz que inspira. Este acto de gratitud no solo fortalece la conexión con el arcángel, sino que también permite que el buscador ancle la experiencia en su conciencia, recordándole que cada nivel de percepción es una oportunidad de paz y de expansión. Agradecer es una forma de afirmar el compromiso de vivir en paz y en armonía con todos los niveles de existencia, recordando que la presencia de Miguel continúa guiando y protegiendo en cada dimensión.

Desarrollar la percepción multidimensional con la ayuda de Miguel es, en última instancia, un viaje de expansión y de autoconocimiento. Con cada práctica, el buscador descubre que la realidad no se limita al mundo físico, sino que se extiende hacia dimensiones llenas de paz y de sabiduría. Miguel, en su rol de guía y de protector, ofrece su luz como un canal de exploración segura, permitiendo que el buscador experimente la paz y la serenidad que existen en su esencia más profunda. En su presencia, el buscador encuentra no solo guía y apoyo, sino también un recordatorio de que la verdadera percepción es un acto de amor y de conexión, una experiencia de unión con el universo y con la esencia divina en todas sus dimensiones.

Capítulo 40
Colaborando con Ángeles Elementales

La colaboración con los ángeles elementales bajo la guía del Arcángel Miguel es un viaje hacia la comunión con los elementos naturales y las fuerzas vivas de la creación. Los ángeles elementales son seres de luz que representan las energías esenciales de la tierra, el agua, el fuego y el aire, manifestando la vida y el equilibrio en el mundo natural. Miguel, como protector y líder espiritual, actúa como un puente entre el buscador y los ángeles elementales, permitiendo que esta colaboración traiga armonía, paz y un entendimiento más profundo de la naturaleza y de los ciclos universales.

Cada ángel elemental, también conocido como espíritu elemental, posee cualidades y dones específicos que se relacionan con su elemento correspondiente. Los ángeles de la tierra ofrecen estabilidad y enraizamiento, los del agua proporcionan fluidez y sanación, los del fuego inspiran transformación y poder, y los del aire brindan claridad y libertad. Al trabajar con estos ángeles elementales bajo la guía de Miguel, el buscador se conecta con la fuerza sutil y divina de los elementos, recordando que estos no solo son parte del mundo físico, sino también fuerzas espirituales que nutren y sostienen la vida.

Para comenzar la colaboración con los ángeles elementales, es fundamental que el buscador cree un espacio sagrado que represente cada uno de los elementos, permitiendo que sus energías se integren en su práctica. Este espacio puede estar decorado con elementos naturales como piedras o cristales para la tierra, un recipiente con agua para el elemento agua, una vela para el fuego y una pluma o un incienso para el aire. Este entorno sagrado actúa como un canal de conexión, un lugar donde el buscador puede sintonizarse con la energía de cada elemento y abrirse a la presencia de los ángeles elementales.

El proceso puede iniciarse con una respiración profunda y consciente, una práctica que ayuda al buscador a calmar su mente y a conectar su ser con los elementos. Con cada inhalación, puede imaginar que está absorbiendo la luz de Miguel y la energía de los elementos, sintiendo cómo el poder de la tierra, el agua, el fuego y el aire se unen en su interior. Con cada exhalación, puede visualizar que cualquier tensión o distracción se disuelve, dejando un espacio abierto y receptivo. Esta respiración consciente actúa como un puente hacia los elementos, permitiendo que el buscador se sienta en paz y en sintonía con el flujo de la naturaleza.

Una vez en un estado de calma, el buscador puede realizar una invocación para pedir la guía de Miguel y la colaboración de los ángeles elementales. Esta invocación puede expresarse de manera sincera y simple, como una solicitud de conexión con los elementos y de armonización con la naturaleza. Un ejemplo de invocación podría ser: "Arcángel Miguel, guardián de la creación, te invoco en este momento. Pido tu guía para conectarme con los ángeles elementales y abrirme a la energía de la tierra, el agua, el fuego y el aire. Que esta colaboración traiga paz, equilibrio y sabiduría a mi vida, y que cada elemento me ayude a crecer en armonía con la naturaleza y con el universo." Esta invocación representa una apertura sincera a recibir la energía de los elementos y a vivir en comunión con sus fuerzas sutiles.

Para profundizar en la conexión, el buscador puede realizar una visualización en la que imagine que cada uno de los elementos se manifiesta como una luz o una presencia a su alrededor. Puede visualizar una luz verde o marrón que representa la tierra y que llena su ser de estabilidad, una luz azul que representa el agua y que lo envuelve en calma, una luz roja o dorada que simboliza el fuego y que lo llena de fuerza, y una luz blanca o plateada que representa el aire y que lo rodea con claridad. Esta visualización permite al buscador sentir cómo cada elemento nutre su ser, recordándole que los ángeles elementales están siempre presentes y que Miguel los guía en esta colaboración.

Para quienes desean trabajar con un ángel elemental específico, es útil concentrarse en el elemento que deseen fortalecer en su vida. Por ejemplo, si el buscador necesita mayor estabilidad, puede enfocarse en la energía de la tierra y en la guía de los ángeles de este elemento. Si necesita fluidez emocional, puede conectarse con el agua; si busca inspiración y poder, con el fuego; y si desea claridad mental, con el aire. Miguel, en su rol de protector, facilita esta conexión, ayudando al buscador a reconocer la energía de cada elemento y a integrarla en su vida de una manera equilibrada y armoniosa.

La repetición de afirmaciones es también una herramienta poderosa para anclar la colaboración con los ángeles elementales en la conciencia y para recordar la conexión con la naturaleza en cada aspecto de la vida. Algunas afirmaciones útiles pueden ser: "Estoy en paz y en armonía con la energía de la tierra, el agua, el fuego y el aire," "Confío en que los ángeles elementales, guiados por Miguel, me apoyan y me protegen," o "Recibo la sabiduría de los elementos con gratitud y con amor." Al repetir estas palabras, el buscador refuerza su intención de vivir en sintonía con la naturaleza y permite que la energía de los ángeles elementales lo acompañe en cada momento.

El contacto directo con la naturaleza es también una práctica fundamental para trabajar con los ángeles elementales. Al caminar descalzo sobre la tierra, al contemplar el fluir del agua, al sentir el calor del sol o el soplo del viento, el buscador se abre a la energía de los elementos y permite que los ángeles elementales se manifiesten de manera natural. Miguel, como guardián de la creación, inspira una comunión con la naturaleza que permite al buscador vivir en paz y en equilibrio con los elementos, recordando que la vida es una danza en la que cada elemento cumple un rol esencial.

Durante el día, en momentos en que el buscador necesite conectarse con un elemento específico, puede invocar de nuevo la presencia de Miguel y de los ángeles elementales, pidiéndoles que le brinden su energía y su guía. Visualizar que la luz de Miguel y del elemento deseado rodea su ser permite que el buscador recupere su equilibrio y su conexión con la naturaleza, recordando que cada elemento es una fuente de sabiduría y de paz. Este acto de reconexión fortalece la relación con Miguel y con los ángeles elementales, y recuerda al buscador que la naturaleza es una fuente constante de apoyo y de renovación.

Al finalizar cada práctica de conexión, es importante expresar gratitud hacia Miguel y hacia los ángeles elementales por su guía y su protección. Este acto de gratitud no solo fortalece la conexión con estos seres de luz, sino que también permite que el buscador ancle la experiencia en su corazón, recordándole que la colaboración con los ángeles elementales es un don sagrado que trae paz y equilibrio. Agradecer es una forma de afirmar el compromiso de vivir en armonía con la naturaleza, recordando que la presencia de Miguel y de los ángeles elementales continúa guiando y protegiendo en cada aspecto de la vida.

Colaborar con los ángeles elementales bajo la guía de Miguel es, en última instancia, una invitación a vivir en comunión con la tierra, el agua, el fuego y el aire. Con cada práctica, el buscador descubre que los elementos no solo son fuerzas externas, sino también aspectos de su propio ser que le brindan paz, fortaleza y sabiduría. Miguel, en su rol de protector, ofrece su luz como un canal de conexión con los elementos, permitiendo que el buscador experimente la paz y la serenidad que existen en su esencia más profunda. En su presencia, el buscador encuentra no solo guía y apoyo, sino también un recordatorio de que la verdadera armonía es un acto de conexión y de amor con la naturaleza y con la esencia divina en cada elemento.

Capítulo 41
Miguel, Protector de los Guerreros

El Arcángel Miguel, en su papel de protector de los guerreros, representa la valentía, la justicia y el espíritu inquebrantable que impulsa a quienes defienden el bien. Miguel no solo es un guía espiritual, sino también un símbolo de fuerza y determinación para todos aquellos que luchan por la verdad, la paz y la justicia. A lo largo de la historia, muchas tradiciones lo han visto como el patrón de los defensores y luchadores, no solo en el campo de batalla, sino también en las luchas internas y en la búsqueda de justicia y protección en la vida cotidiana.

Miguel, como protector de los guerreros, inspira a todos aquellos que enfrentan desafíos, recordándoles que la verdadera fuerza no reside en la agresión, sino en el coraje y en el compromiso de actuar con integridad. Esta protección no se limita a quienes empuñan armas en el sentido físico, sino que se extiende a cualquiera que se compromete a luchar por la justicia y la paz en su vida diaria, ya sea en defensa de otros, en la superación de desafíos personales, o en el enfrentamiento de obstáculos espirituales.

Para aquellos que buscan la protección de Miguel en sus batallas personales o profesionales, es importante crear un espacio de honor y de respeto, un lugar donde puedan conectarse con la energía protectora y fortalecedora de Miguel. Este espacio puede estar adornado con símbolos de fuerza, como una espada, un escudo o una vela azul, que representa su presencia y su poder. Este entorno actúa como un santuario, un lugar donde el buscador puede concentrarse y recibir la paz y la fortaleza que Miguel ofrece a los guerreros espirituales y a quienes defienden la justicia.

El proceso de conexión puede iniciarse con una respiración profunda y consciente, una práctica que permite al buscador aquietar su mente y abrirse a la energía de Miguel. Con cada inhalación, el buscador puede imaginar que está absorbiendo la luz de Miguel, una energía que lo llena de valor y de paz interior. Con cada exhalación, puede visualizar que cualquier miedo o duda se disuelve, dejando un espacio abierto y receptivo para recibir la guía y la protección de Miguel. Esta respiración consciente actúa como un puente hacia el espíritu del guerrero, ayudando al buscador a sentirse en paz y en confianza con la misión que está a punto de emprender.

Una vez en un estado de calma, el buscador puede realizar una invocación para pedir la presencia de Miguel y su protección en la batalla o el desafío que enfrenta. Esta invocación puede expresarse de manera sincera y sencilla, como una solicitud de fortaleza y de claridad. Un ejemplo de invocación podría ser: "Arcángel Miguel, protector de los guerreros y defensor de la justicia, te invoco en este momento. Llena mi ser con tu luz y dame la fuerza para enfrentar esta batalla con coraje y paz. Que tu presencia me guíe y me proteja, y que me permita actuar en coherencia con la verdad y la justicia." Esta invocación representa un acto de apertura y de disposición a recibir la guía y la fortaleza de Miguel en cada desafío.

Para profundizar en la conexión con Miguel, el buscador puede realizar una visualización en la que imagine una armadura de luz azul que rodea su ser, como un manto protector que lo envuelve y lo llena de fortaleza. Esta armadura representa la presencia de Miguel, una energía que lo protege y lo inspira a actuar con valentía y determinación. Al visualizar esta luz, el buscador puede sentir cómo su espíritu se fortalece y cómo una paz profunda lo llena, recordándole que no está solo en su lucha y que cuenta con la guía y el apoyo de Miguel.

La repetición de afirmaciones también es una herramienta poderosa para fortalecer la relación con Miguel y recordar su protección en cada batalla. Estas afirmaciones, pronunciadas con fe y con devoción, ayudan al buscador a recordar que cuenta con la fortaleza y la paz de Miguel en cada momento. Algunas afirmaciones útiles pueden ser: "Estoy protegido y guiado por la luz de Miguel en cada desafío," "Confío en que Miguel me da la fortaleza para actuar con justicia," o "Recibo la paz y el valor de Miguel en cada paso de mi camino." Al repetir estas palabras, el buscador refuerza su intención de enfrentar sus batallas con valentía y permite que la energía de Miguel se manifieste en cada aspecto de su vida.

El contacto con la naturaleza también es una práctica que permite al buscador conectar con el espíritu del guerrero y con la fortaleza de Miguel. Al caminar en la naturaleza, al sentir la firmeza de la tierra bajo sus pies o al contemplar la vastedad del cielo, el buscador se sintoniza con la paz y la determinación que emanan de la creación. Miguel, como guardián de la justicia y protector de la paz, inspira una comunión con la naturaleza que recuerda al buscador que la verdadera fortaleza reside en la paz interior y en la conexión con el universo.

Durante el día, en momentos en que el buscador necesite recordar la protección de Miguel, puede invocar de nuevo su presencia, pidiéndole que lo rodee con su luz y que lo guíe en cada paso. Visualizar que la luz azul de Miguel llena su ser y despeja cualquier pensamiento de duda o de miedo permite que el buscador recupere su paz y su confianza, recordando que cada batalla es una oportunidad de actuar con integridad y de vivir en coherencia con la verdad. Este acto de reconexión fortalece la relación con Miguel y recuerda al buscador que la protección de Miguel está siempre presente en cada desafío.

Al finalizar cada práctica de conexión, es fundamental expresar gratitud hacia Miguel por su guía y su protección. Este acto de gratitud no solo fortalece la conexión con el arcángel, sino que también permite que el buscador ancle la experiencia en su corazón, recordándole que cada desafío es una oportunidad de crecimiento y de fortalecimiento espiritual. Agradecer es una forma de afirmar el compromiso de vivir en paz y en armonía con la misión de justicia, recordando que la presencia de Miguel continúa guiando y protegiendo en cada batalla.

Miguel, como protector de los guerreros, es un símbolo de la fortaleza espiritual y del compromiso con el bien y la justicia. Con cada práctica, el buscador descubre que la verdadera batalla no se libra solo en el mundo exterior, sino también en el interior, donde el coraje y la paz son las armas más poderosas. Miguel, en su rol de defensor, ofrece su luz como un canal de paz y de fortaleza, permitiendo que el buscador enfrente cada desafío con el espíritu elevado y con el corazón en paz. En su presencia, el buscador encuentra no solo protección y guía, sino también un recordatorio de que cada batalla es una oportunidad de crecimiento y de conexión con el propósito más elevado, una experiencia de comunión con la paz y la justicia del universo.

Capítulo 42
Involucrando a la Familia

Involucrar a la familia en las prácticas y enseñanzas relacionadas con el Arcángel Miguel es una forma poderosa de fortalecer los lazos espirituales, de crear un ambiente de paz y protección en el hogar, y de construir una red de apoyo mutuo en la vida cotidiana. Miguel, como defensor y protector, extiende su amor y su guía no solo a individuos, sino a todos aquellos que buscan vivir en armonía y en conexión con el propósito divino. Al invitar a los miembros de la familia a participar en prácticas espirituales, el buscador abre un camino para que todos compartan y experimenten la paz, el equilibrio y la fortaleza que trae Miguel al hogar.

Involucrar a la familia en la conexión con Miguel no significa imponer creencias, sino crear un espacio donde cada persona pueda descubrir su propia relación con el arcángel y con la espiritualidad. Cada miembro, desde su individualidad, puede beneficiarse de la guía y la protección de Miguel, integrando estas prácticas en sus vidas de una manera que resuene con sus propios valores y experiencias. Esta integración fortalece no solo la conexión espiritual de cada persona, sino también los vínculos familiares, creando un ambiente de respeto, amor y apoyo mutuo.

Para comenzar a involucrar a la familia en la conexión con Miguel, es útil crear un espacio sagrado en el hogar, un lugar que inspire paz y unión. Este espacio puede estar decorado con una vela azul o blanca, símbolo de la presencia de Miguel, así como con objetos significativos para cada miembro de la familia, como fotografías, cristales o pequeñas plantas. Este entorno actúa como un centro de paz y de conexión, un lugar donde todos pueden reunirse para reflexionar, meditar o simplemente pasar un momento de tranquilidad. Tener un espacio sagrado común refuerza el sentido de unidad y permite que cada persona sienta la presencia de Miguel en el hogar.

Un primer paso para involucrar a la familia puede ser realizar juntos una invocación para pedir la guía y la protección de Miguel en el hogar. Esta invocación puede ser breve y sencilla, un momento en el que todos puedan expresar su deseo de paz, de amor y de protección en sus vidas. Un ejemplo de invocación en familia podría ser: "Arcángel Miguel, protector y guía, te invitamos a llenar nuestro hogar con tu luz y tu paz. Que cada rincón de este lugar esté lleno de amor y de armonía, y que tu presencia guíe y proteja a cada miembro de nuestra familia. Gracias por estar con nosotros y por cuidarnos en cada momento." Esta invocación representa una apertura a recibir la luz de Miguel como familia y a vivir en armonía con su protección.

Una práctica poderosa para involucrar a la familia es realizar juntos una visualización de protección, en la que todos puedan imaginar que una luz azul rodea el hogar, creando un escudo de paz y de serenidad. Esta luz, que representa la presencia de Miguel, envuelve a cada miembro y llena cada espacio con calma y con equilibrio. Al visualizar esta luz, cada persona puede sentir que su espíritu se llena de paz y que el hogar se convierte en un refugio de seguridad y de amor. Esta visualización en familia actúa como un recordatorio de que la protección de Miguel está siempre presente y de que, juntos, pueden enfrentar cualquier desafío con confianza y con unión.

Para los más jóvenes, la introducción a Miguel puede hacerse de manera simple y cercana, con relatos o cuentos sobre el arcángel como un protector y amigo que siempre está allí para cuidar a cada uno. Explicar su rol de una forma comprensible y respetuosa les permite a los niños desarrollar su propia relación con Miguel, sintiendo que no están solos y que cuentan con un guía amoroso en sus vidas. Esta introducción suave y respetuosa permite que los niños se sientan en paz y con confianza, desarrollando una base espiritual que pueden seguir explorando con el tiempo.

La repetición de afirmaciones también es una práctica que toda la familia puede compartir para reforzar la presencia de Miguel en sus vidas. Estas afirmaciones, pronunciadas juntos, crean una vibración de paz y de unión que fortalece los lazos familiares. Algunas afirmaciones útiles pueden ser: "Nuestro hogar está lleno de paz y de amor con la guía de Miguel," "Estamos protegidos y unidos bajo la luz de Miguel," o "Vivimos en armonía y en seguridad con la ayuda de Miguel." Al repetir estas palabras, cada miembro de la familia ancla la intención de vivir en paz y de recibir la protección y la guía de Miguel en cada aspecto de su vida.

El contacto con la naturaleza también puede ser una actividad que conecte a la familia con Miguel. Pasar tiempo al aire libre, ya sea en un parque, en una caminata o simplemente en el jardín, permite que todos experimenten la paz y el equilibrio que emanan de la creación. Miguel, como guardián de la naturaleza y protector de la paz, inspira una comunión con el entorno natural que recuerda a la familia que la espiritualidad no es solo una práctica interior, sino una experiencia de conexión con la vida y con la belleza de la tierra. Al observar juntos la naturaleza, cada miembro puede sentir la presencia de Miguel en la paz y en la armonía de los elementos, fortaleciendo su conexión con él.

Durante el día, en momentos en que la familia necesite un recordatorio de la protección de Miguel, pueden realizar una breve invocación juntos o simplemente tomarse un momento para recordar la luz de Miguel. Visualizar que la luz azul del arcángel llena el hogar y rodea a cada persona permite que todos recuperen la paz y la confianza, recordando que, como familia, cuentan con la guía y la protección de Miguel en cada desafío. Este acto de reconexión fortalece los lazos familiares y recuerda a cada miembro que, al estar unidos, pueden enfrentar cualquier situación con fortaleza y con amor.

Al finalizar cada práctica en familia, es importante expresar gratitud hacia Miguel por su guía y su protección. Este acto de gratitud no solo fortalece la conexión con el arcángel, sino que también permite que cada miembro ancle la experiencia en su corazón, recordando que la unión familiar es una fuente de paz y de fortaleza. Agradecer es una forma de afirmar el compromiso de vivir en armonía y en amor, recordando que la presencia de Miguel continúa protegiendo y guiando a cada miembro en su camino.

Involucrar a la familia en la conexión con el Arcángel Miguel es, en última instancia, una experiencia de paz y de unión. Con cada práctica compartida, cada miembro descubre que la espiritualidad no es un camino solitario, sino una oportunidad de crecimiento y de fortalecimiento colectivo. Miguel, en su rol de protector y de guía, ofrece su luz como un canal de amor y de paz, permitiendo que la familia experimente la serenidad y la fortaleza que existen en su esencia más profunda. En su presencia, cada miembro de la familia encuentra no solo guía y apoyo, sino también un recordatorio de que la verdadera armonía se construye juntos, una experiencia de comunión con el amor y la paz del universo, reflejada en el hogar y en el corazón de cada uno.

Capítulo 43
Aplicando en la Vida Cotidiana

Aplicar las enseñanzas y la presencia del Arcángel Miguel en la vida cotidiana es una invitación a vivir en coherencia con la paz, el amor y la fortaleza que él representa. Miguel, como guía y protector, no es solo una presencia en momentos de desafío, sino un compañero constante que ayuda al buscador a encontrar sentido, equilibrio y armonía en las actividades y situaciones de cada día. Integrar su energía en la vida diaria permite que cada aspecto de la existencia se llene de paz y propósito, y que cada acción sea un reflejo de la conexión con el propósito divino.

La vida cotidiana está llena de pequeñas decisiones, encuentros y experiencias que ofrecen oportunidades para manifestar los valores y la protección de Miguel. Su presencia ayuda a abordar cada día con un corazón abierto y con la claridad necesaria para actuar con justicia y paz en cada interacción. Desde las rutinas diarias hasta las interacciones con los demás, aplicar la guía de Miguel significa vivir con intención, generosidad y serenidad, recordando que cada momento es una oportunidad de crecimiento y de conexión espiritual.

Para comenzar a aplicar la energía de Miguel en la vida cotidiana, es útil crear una rutina de conexión al inicio de cada día, un momento para establecer la intención de vivir en paz, protección y armonía. Este momento puede incluir una breve invocación o visualización en la que el buscador imagine que la luz de Miguel lo rodea, llenándolo de paz y fortaleza para afrontar las experiencias del día. Al comenzar cada día con esta intención, el buscador refuerza su compromiso de vivir en armonía y recuerda que la energía de Miguel está siempre a su disposición.

Una invocación matutina podría ser tan sencilla como: "Arcángel Miguel, te pido que me guíes y me protejas en este día. Que tu luz me dé paz y claridad en cada acción y decisión, y que pueda actuar en armonía con el amor y la justicia que tú inspiras." Esta invocación representa una disposición de apertura y de gratitud, una forma de empezar el día recordando que Miguel es un aliado constante, alguien que acompaña cada paso con amor y protección.

Durante las actividades del día, es útil practicar la consciencia plena o atención plena, una técnica que ayuda al buscador a estar presente en cada momento y a actuar con intención. Con cada tarea, ya sea simple o compleja, el buscador puede recordar la presencia de Miguel y actuar con calma y enfoque. Si surge un momento de tensión o desafío, puede visualizar la luz de Miguel rodeándolo, creando un campo de paz y de serenidad que lo ayuda a responder con claridad y paciencia. Esta práctica de consciencia permite que la energía de Miguel se ancle en cada aspecto de la vida diaria, convirtiendo cada acción en una expresión de paz y de propósito.

Otra forma de aplicar las enseñanzas de Miguel en la vida cotidiana es a través de la repetición de afirmaciones que reflejen su energía y sus valores. Estas afirmaciones, pronunciadas a lo largo del día, ayudan a anclar la paz y la fortaleza de Miguel en la mente y el corazón del buscador. Algunas afirmaciones útiles pueden ser: "Estoy en paz y protegido en cada momento," "Actúo con amor y claridad en cada situación," o "Recibo la guía y la protección de Miguel en cada aspecto de mi vida." Al repetir estas palabras, el buscador refuerza su intención de vivir en sintonía con la paz y la protección de Miguel, recordando que su presencia está siempre a su disposición.

El contacto con la naturaleza también es una práctica valiosa para integrar la energía de Miguel en la vida diaria. Pasar tiempo al aire libre, ya sea caminando, contemplando el cielo o simplemente respirando el aire fresco, permite al buscador reconectar con la paz y la serenidad que emanan de la creación. Miguel, como guardián de la naturaleza y protector de la paz, inspira una comunión con el entorno natural que permite al buscador recordar que cada instante es sagrado y que la paz está disponible en cada respiración y en cada momento de conexión con el universo.

Al finalizar el día, el buscador puede realizar una breve reflexión para agradecer a Miguel por su guía y para revisar cómo ha aplicado su energía en las experiencias y decisiones del día. Este momento de reflexión permite que el buscador observe sus acciones y pensamientos con compasión, reconociendo las áreas en las que ha actuado en paz y aquellas en las que puede mejorar. Esta práctica de autoobservación, acompañada de gratitud, permite que el buscador ancle la presencia de Miguel en su corazón y se prepare para un descanso en paz y en armonía.

Para facilitar la aplicación de la energía de Miguel en el hogar, el buscador puede crear un altar o un espacio sagrado en su hogar, donde pueda colocar una vela, una imagen de Miguel, o elementos que representen la paz y la protección. Este espacio actúa como un recordatorio visual de la presencia de Miguel y como un lugar al que el buscador puede acudir en momentos de calma o de desafío. Tener un espacio de conexión en el hogar ayuda a que la energía de Miguel esté siempre presente, creando un ambiente de paz y de serenidad que se extiende a todos los aspectos de la vida cotidiana.

La conexión con Miguel también puede aplicarse en las relaciones personales, donde su energía de protección y de paz puede ayudar a resolver conflictos y a fortalecer los lazos de amor y comprensión. En momentos de tensión con otras personas, el buscador puede pedir la intervención de Miguel, visualizando que su luz rodea tanto a él como a la otra persona, creando un espacio de paz y de claridad en el que ambos puedan entenderse y reconciliarse. Esta práctica ayuda a recordar que la presencia de Miguel es una fuerza de amor y de unidad, y que su energía puede transformar cualquier situación en una oportunidad de crecimiento y de comprensión mutua.

Durante el día, en momentos de inquietud o de duda, el buscador puede invocar de nuevo la presencia de Miguel, pidiéndole que lo rodee con su luz y que lo guíe en sus pensamientos y emociones. Visualizar que la luz azul de Miguel llena su ser y despeja cualquier pensamiento de miedo o de preocupación permite que el buscador recupere su paz y su claridad, recordando que en cada momento tiene acceso a la guía y a la protección de Miguel. Este acto de reconexión fortalece la relación con Miguel y recuerda al buscador que, en cada instante, puede elegir vivir en paz y en armonía con su propósito.

Al finalizar cada día, es fundamental expresar gratitud hacia Miguel por su guía y por la paz que ha brindado en las situaciones cotidianas. Este acto de gratitud no solo fortalece la conexión con el arcángel, sino que también permite que el buscador ancle la experiencia en su corazón, recordándole que cada día es una oportunidad de vivir en sintonía con la paz y la serenidad. Agradecer es una forma de afirmar el compromiso de vivir en armonía, recordando que la presencia de Miguel sigue actuando en cada aspecto de la vida.

Aplicar la energía de Miguel en la vida cotidiana es, en última instancia, una invitación a vivir con intención y con amor. Con cada práctica, el buscador descubre que la espiritualidad no es algo separado de la vida diaria, sino una forma de ver y de vivir cada momento con paz, propósito y gratitud. Miguel, en su rol de protector y de guía, ofrece su luz como un canal de serenidad, permitiendo que el buscador experimente la paz y la claridad en cada aspecto de su existencia. En su presencia, el buscador encuentra no solo guía y apoyo, sino también un recordatorio de que cada instante es sagrado y que la verdadera paz reside en vivir en comunión con el universo y con la esencia divina en cada acción y pensamiento.

Capítulo 44
Rituales Especiales de Curación

Los rituales de curación realizados con la ayuda del Arcángel Miguel son prácticas sagradas que permiten al buscador recibir energía sanadora, restaurar el equilibrio interior y liberar bloqueos que afectan el bienestar físico, emocional y espiritual. Miguel, como protector y sanador, ofrece su luz y su poder para aquellos que buscan una transformación profunda, ayudando a disolver el dolor, a liberar viejas heridas y a fortalecer el espíritu. Estos rituales no son solo herramientas para sanar, sino también oportunidades para conectar con la esencia divina de Miguel y experimentar la paz y la serenidad que trae su presencia.

La curación que ofrece Miguel es una sanación completa, una que no solo aborda los síntomas visibles, sino también las raíces profundas del malestar. Su energía actúa como una luz transformadora, iluminando y purificando aquellas partes del ser que necesitan atención y cuidado. Estos rituales de curación permiten al buscador abrirse a la sanación que Miguel ofrece, restaurando el equilibrio de su cuerpo, mente y espíritu y creando una sensación de paz y de bienestar.

Para realizar un ritual de curación con Miguel, es esencial que el buscador cree un espacio sagrado que inspire calma y tranquilidad, un lugar donde pueda concentrarse en recibir la energía sanadora. Este espacio puede estar adornado con una vela azul o blanca, símbolo de la luz de Miguel, y con cristales que favorezcan la sanación, como la amatista o el cuarzo rosa. Este entorno actúa como un canal de conexión, un refugio donde el buscador puede abrirse a la energía curativa de Miguel y permitir que su luz llene cada aspecto de su ser.

El proceso de curación puede iniciarse con una respiración profunda y consciente, una práctica que permite al buscador aquietar su mente y relajar su cuerpo. Con cada inhalación, puede imaginar que está absorbiendo la luz de Miguel, una energía que lo llena de paz y que comienza a sanar cualquier aspecto de su ser que necesite atención. Con cada exhalación, puede visualizar que cualquier tensión o dolor se disuelve, dejando un espacio abierto y receptivo. Esta respiración consciente actúa como un puente hacia la paz interior, ayudando al buscador a entrar en un estado de calma y de apertura donde la curación puede comenzar.

Una vez en un estado de paz, el buscador puede realizar una invocación para pedir la presencia de Miguel y su energía sanadora en el ritual. Esta invocación puede expresarse de manera sincera y sencilla, como un pedido de restauración y de paz. Un ejemplo de invocación podría ser: "Arcángel Miguel, protector y sanador, te invoco en este momento. Llena mi ser con tu luz sanadora y ayuda a restaurar mi equilibrio y mi paz interior. Que tu presencia ilumine cada aspecto de mi ser y me libere de cualquier dolor o malestar. Gracias por tu guía y tu amor en este proceso de curación." Esta invocación representa una disposición de apertura y de fe, un compromiso de recibir la energía sanadora de Miguel y de permitir que su luz actúe en cada nivel del ser.

Para profundizar en la conexión, el buscador puede realizar una visualización en la que imagine que una luz azul intensa desciende desde lo alto y lo rodea, llenando cada célula de su cuerpo con paz y sanación. Esta luz, que representa la presencia de Miguel, actúa como un manto sanador que disuelve cualquier bloqueo y que restaura el equilibrio y la armonía. Al visualizar esta luz, el buscador puede sentir cómo su ser se llena de paz y de fortaleza, permitiéndole abrirse plenamente a la curación. Esta visualización actúa como un canal que permite que la energía de Miguel fluya y que su sanación se manifieste en cada aspecto del ser.

La repetición de afirmaciones de sanación es también una herramienta poderosa en estos rituales, ya que ayuda a anclar la intención de curación en la conciencia y a recordar que el buscador merece experimentar la paz y el bienestar. Algunas afirmaciones útiles pueden ser: "Estoy abierto a la sanación completa de mi ser con la ayuda de Miguel," "Recibo la paz y el equilibrio que Miguel me ofrece en este momento," o "Mi cuerpo, mente y espíritu están en armonía con la energía sanadora de Miguel." Al repetir estas palabras, el buscador refuerza su intención de recibir la sanación y permite que la luz de Miguel actúe en cada aspecto de su vida.

El contacto con la naturaleza es también una práctica que facilita la conexión con la energía curativa de Miguel. La naturaleza, en su equilibrio y en su pureza, es un reflejo de la paz y de la sanación que Miguel inspira, y al pasar tiempo al aire libre, el buscador puede sintonizarse con la serenidad y el bienestar que emanan de la creación. Al observar la belleza de los árboles, el agua o el cielo, el buscador puede sentir cómo la energía de Miguel fluye a través de la naturaleza, recordándole que la sanación es una experiencia de paz y de conexión con el universo.

Durante el ritual de curación, en momentos en que el buscador necesite reforzar la energía de sanación, puede invocar de nuevo la presencia de Miguel, pidiéndole que lo rodee con su luz y que continúe actuando en su proceso de restauración. Visualizar que la luz azul de Miguel llena cada rincón de su ser y despeja cualquier dolor o malestar permite que el buscador recupere su paz y su equilibrio, recordando que la sanación es un proceso constante y que la energía de Miguel está siempre a su disposición.

Al finalizar el ritual de curación, es fundamental expresar gratitud hacia Miguel por su guía y su energía sanadora. Este acto de gratitud no solo fortalece la conexión con el arcángel, sino que también permite que el buscador ancle la experiencia de sanación en su conciencia, recordándole que la paz y el bienestar son un derecho natural. Agradecer es una forma de afirmar el compromiso de vivir en armonía y en paz, recordando que la presencia de Miguel continúa guiando y protegiendo en cada aspecto de la vida.

Los rituales de curación realizados con la ayuda de Miguel son, en última instancia, una oportunidad de transformación y de paz interior. Con cada práctica, el buscador descubre que la verdadera sanación no solo es un alivio temporal, sino una restauración de la paz y del equilibrio que existen en su esencia más profunda. Miguel, en su rol de sanador y de protector, ofrece su luz como un canal de renovación, permitiendo que el buscador experimente la paz y la serenidad en cada aspecto de su ser. En su presencia, el buscador encuentra no solo sanación y bienestar, sino también un recordatorio de que la verdadera salud es una experiencia de comunión con el amor y la paz del universo.

Capítulo 45
Trabajando con la Llama Violeta

La Llama Violeta, conocida en las tradiciones espirituales como un fuego de transmutación y purificación, es una herramienta poderosa para el cambio y la elevación espiritual. Al trabajar con la Llama Violeta bajo la guía del Arcángel Miguel, el buscador se abre a un proceso de limpieza profunda y de liberación de patrones, energías y bloqueos que ya no sirven a su bienestar y crecimiento. Miguel, como protector y guía en el uso de esta energía, ayuda a canalizar la Llama Violeta con propósito y seguridad, permitiendo que su poder de transformación disuelva cualquier barrera hacia la paz y la plenitud.

La Llama Violeta actúa como un agente de cambio que transforma energías densas y emociones negativas en luz y en paz. No solo limpia y purifica, sino que también eleva las vibraciones del buscador, abriéndole el camino hacia una mayor claridad espiritual y un estado de conciencia expandido. Al trabajar con esta llama, el buscador encuentra una vía para liberar el pasado, sanar heridas profundas y alinearse con una frecuencia de amor y de paz que trasciende cualquier límite impuesto por el miedo o el sufrimiento.

Para comenzar a trabajar con la Llama Violeta y con Miguel, es fundamental crear un espacio de calma y de respeto, un lugar donde el buscador pueda abrirse a la energía transformadora de la llama. Este espacio puede estar adornado con una vela violeta o púrpura, símbolo de la llama y de la transmutación, y con cristales que refuercen la elevación espiritual, como la amatista y el cuarzo transparente. Este entorno actúa como un canal de conexión, un refugio donde el buscador puede concentrarse y prepararse para liberar cualquier bloqueo o patrón que desee transformar.

El proceso puede iniciarse con una respiración profunda y consciente, una práctica que permite al buscador aquietar la mente y relajar el cuerpo. Con cada inhalación, puede imaginar que está absorbiendo la energía de la Llama Violeta, una vibración que comienza a purificar cada aspecto de su ser. Con cada exhalación, puede visualizar que cualquier energía densa o negativa se disuelve en la llama, dejando un espacio abierto y receptivo para la luz y la paz. Esta respiración consciente actúa como un puente hacia el proceso de transmutación, ayudando al buscador a abrirse a la energía transformadora de la Llama Violeta.

Una vez en un estado de calma, el buscador puede realizar una invocación para pedir la presencia de Miguel y su guía en el trabajo con la Llama Violeta. Esta invocación puede expresarse de manera sincera y sencilla, como un pedido de ayuda para liberar y transmutar energías que ya no sirven al crecimiento espiritual. Un ejemplo de invocación podría ser: "Arcángel Miguel, guardián de la paz y la transformación, te invoco en este momento. Ayúdame a trabajar con la Llama Violeta para liberar cualquier energía o patrón que ya no necesito. Que esta llama me purifique y me eleve, y que tu luz me guíe en este proceso de transmutación." Esta invocación representa un compromiso de abrirse a la transformación y de permitir que la Llama Violeta actúe en cada aspecto de su ser.

Para profundizar en la conexión, el buscador puede realizar una visualización en la que imagine una llama violeta que lo rodea, iluminando cada rincón de su ser y transformando cualquier sombra en luz. Esta llama, que representa la energía de Miguel y el poder de la transmutación, disuelve cualquier energía densa, llenando el ser del buscador de paz y de claridad. Al visualizar esta llama, el buscador puede sentir cómo su espíritu se eleva y cómo una serenidad profunda lo llena, preparándolo para recibir la purificación y la elevación que la Llama Violeta ofrece.

La repetición de afirmaciones es también una herramienta poderosa para anclar el trabajo con la Llama Violeta y recordar la intención de transmutación y de paz. Algunas afirmaciones útiles pueden ser: "Me abro a la purificación y la paz de la Llama Violeta," "Transmuto toda energía densa en amor y en luz con la ayuda de Miguel," o "Mi ser se eleva hacia la paz y la claridad con la Llama Violeta." Al repetir estas palabras, el buscador refuerza su intención de vivir en paz y en armonía, permitiendo que la energía de la Llama Violeta transforme cada aspecto de su vida.

El contacto con la naturaleza también es una práctica que facilita el trabajo con la Llama Violeta. La naturaleza, en su constante renovación y transformación, es un reflejo de la paz y de la sabiduría de los procesos de transmutación. Al pasar tiempo al aire libre, el buscador puede sintonizarse con la energía de la naturaleza y abrirse a la elevación que trae el contacto con el entorno natural. Miguel, como guardián de la paz y de la purificación, inspira una comunión con la naturaleza que recuerda al buscador que la transmutación es una experiencia de paz y de conexión con el universo.

Durante el proceso de trabajo con la Llama Violeta, en momentos en que el buscador necesite reforzar su intención de transmutación, puede invocar de nuevo la presencia de Miguel, pidiéndole que lo rodee con su luz y que lo guíe. Visualizar que la llama rodea su ser y disuelve cualquier energía negativa permite que el buscador recupere su paz y su equilibrio, recordando que la transformación es un proceso continuo y que la energía de Miguel y de la Llama Violeta están siempre a su disposición.

Al finalizar el ritual de trabajo con la Llama Violeta, es esencial expresar gratitud hacia Miguel por su guía y por la energía de transformación que ha brindado. Este acto de gratitud no solo fortalece la conexión con el arcángel, sino que también permite que el buscador ancle la experiencia de paz y de purificación en su conciencia, recordándole que la transmutación es un camino de paz y de elevación espiritual. Agradecer es una forma de afirmar el compromiso de vivir en armonía y en serenidad, recordando que la presencia de Miguel y de la Llama Violeta continúan actuando en cada aspecto de la vida.

    Trabajar con la Llama Violeta bajo la guía de Miguel es, en última instancia, una experiencia de transformación y de renovación profunda. Con cada práctica, el buscador descubre que la verdadera transmutación no es solo una limpieza superficial, sino una experiencia de elevación y de claridad que toca todos los aspectos de su ser. Miguel, en su rol de protector y de guía, ofrece su luz como un canal de purificación, permitiendo que el buscador experimente la paz y la serenidad en su esencia más profunda. En su presencia, el buscador encuentra no solo sanación y purificación, sino también un recordatorio de que la verdadera transformación es una comunión con la paz y el amor del universo, una invitación a vivir en armonía y en conexión con la esencia divina en cada nivel de su ser.

Epílogo

Al llegar al final de este libro, entiende que no es exactamente un cierre. Este es un nuevo comienzo, un punto de partida para una jornada continua de descubrimiento y transformación. El Arcángel Miguel, con su poderosa presencia y su protección amorosa, no se despide aquí; permanece a tu lado, guiando, inspirando y protegiendo cada paso de tu camino. Lo que has encontrado en estas páginas es más que una simple lectura; es una revelación de que la verdadera fuerza reside en la luz que elegimos traer al mundo.

A lo largo de este recorrido, se te ha invitado a explorar dimensiones de ti mismo que tal vez estaban dormidas, a liberar miedos que antes parecían inmutables y a conectar con una energía que eleva y transforma. La presencia de Miguel es un recordatorio de que todos llevamos la semilla del coraje, la compasión y la verdad. Ahora, te corresponde cultivar esa semilla y permitir que florezca en cada aspecto de tu vida, llevando adelante el aprendizaje y la luz que has encontrado a lo largo de esta lectura.

Miguel es más que un protector; es el símbolo de la paz que reside dentro de cada uno de nosotros. Su presencia no se limita al momento en que lo invocamos en oración o meditación. Él se manifiesta en la mirada compasiva, en la palabra amable y en la decisión de vivir de acuerdo con lo más elevado en nosotros. Su espada, que corta las ilusiones y protege contra el mal, es también un recordatorio de que la verdadera protección surge cuando estamos en paz con nuestra propia verdad y en armonía con nuestro propósito.

Mientras llevas contigo las enseñanzas de este libro, entiende que el camino del autoconocimiento y la protección espiritual es continuo. Las prácticas y conexiones que has descubierto aquí no son solo para momentos específicos, sino para que se conviertan en parte de tu vida. Cada gesto, cada pensamiento y cada elección es una oportunidad para renovar esa conexión, para fortalecer el vínculo con Miguel y para manifestar su luz en el mundo. Que esta jornada te inspire a vivir plenamente, con la certeza de que no estás solo.

Este no es el fin de una búsqueda, sino el inicio de una vivencia. La presencia de Miguel te acompañará en cada desafío y en cada victoria, recordándote que la verdadera fuerza es la que surge del amor y la verdad. Al concluir estas páginas, permite que el amor y la paz que has encontrado aquí se expandan en todas las direcciones. Que seas un reflejo de la luz que el Arcángel Miguel representa, una presencia de serenidad y fuerza dondequiera que estés.

Este es el legado que llevas contigo: una conexión indestructible con la luz divina, un compromiso con la verdad y una confianza profunda en tu propio poder de transformación. Que Miguel continúe guiándote, no solo como un guardián, sino como un amigo fiel y un maestro en el arte de vivir en paz. Que lleves contigo la certeza de que, en cada respiración, en cada acto, hay la presencia de un propósito mayor que te abraza y te protege.

Sigue adelante, sabiendo que ahora posees no solo una comprensión renovada de lo divino, sino también una fortaleza que trasciende cualquier obstáculo. En cada momento, Miguel estará a tu lado, ayudándote a manifestar la paz, el amor y la verdad que, en última instancia, son el propósito final de toda alma en busca de la luz.

www.ingramcontent.com/pod-product-compliance
Lightning Source LLC
LaVergne TN
LVHW040053080526
838202LV00045B/3618